作者简介

贝尔纳德·博尔扎诺（Bernard Bolzano，1781—1848），捷克哲学家、数学家。生于布拉格，1805年毕业于布拉格大学并被授予天主教圣职，不久又被任命为哲学与宗教学教授。博尔扎诺的作品主要涉及三个方面：一是1834年出版的关于神学领域的《关于宗教知识的教科书》论著四卷；二是1837年出版的关于哲学领域的《科学理论》论著四卷；三是晚年从事的数学“计量理论”，但这个项目工程由于耗时巨大，最终并没有完成。

译者简介

方旭，男，湖南衡阳人，现为中共重庆市委党校马克思主义学院副教授，中国社科院民族学与人类学研究所博士后研究人员。已出版和发表的译著和译文有《地缘政治的世界：行动中的地缘政治学》《禁止外国势力干涉的国际法大空间秩序》《为了新世纪的瑞典–德国地缘政治学》《转向歧视性的战争概念》等。

奚望，男，重庆人，现为北京大学哲学系博士研究生，主要研究方向为唯意志论、政治哲学等。已出版和发表的译著和译文有《基督徒自由与解放的指南》《自然权利、自然法和美国宪法》《伟大的对话》（合译）等；另有《天主教思想中的国家》在译。担任《中国基督教研究》期刊编委。

政治哲学
名著译丛

On the Best State

论最好的国家

〔捷克〕贝尔纳德·博尔扎诺 著
方旭 奚望 译

商务印书馆
创于1897 The Commercial Press

Bernard Bolzano

ON THE BEST STATE

Translated by Paul Rusnock and Rolf George

根据荷兰罗多比出版社 2007 年版译出

《政治哲学名著译丛》总序

政治一直以来都与人自身的存在息息相关。在古典时代，无论是西方还是中国，在人们对于人类生活的原初体验中，政治都占据着核心位置。政治生活被看成是一种最高的生活或是作为一个真正的人最该去追求的生活。政治与个人的正当生活（古希腊）或人自身的修养（中国）是贯通的。在政治生活中，人们逐渐明白在由诸多人构成的共同生活中如何正确地对待自身和对待他人。

在过往这十多年内，国人一直在谈论"政治成熟"。这在某种意义上根源于对过去几十年内人们抱持的基本政治理想的省思。但是，一个民族的政治成熟在根本意义上不在于它在力量上的强大甚或对现实处境的敏锐意识，而在于它可以给整个世界提供一种好的生活方式。只有在人们不仅认识到残酷的人类现实，而且认识到我们可以根据一种正当的、好的方式来处理这种现实的时候，我们才开始在"政治上"变得"成熟"。

这一克服和摆脱野蛮状态的过程在某种意义上就是一个"启蒙"的过程。在此过程中，人们开始逐渐运用他自身的理智去辨识什么是一个人或一个国家该去追求的生活。在此意义上，一种政治启蒙的态度就尤为重要，无论是古典路向的政治哲学，还是以自由民主制国家为典范的现代政治思想都必须首先予以检讨。这在某种意义上也正是此套丛书的基本旨趣之所在。希望通过译介一些基本的政治和法律著作而使国人能够在一个更为开阔和更为基本的视域内思考我们自身的生存和发展环境。

吴　彦

2014 年寒冬

目　　录

前　　言

本文作者在任何情况下都可以声称，他永远都像爱着至亲骨肉一样爱他的同胞们，而且从年少时起，就唯有这个问题占据了他心灵："怎样才能消除世上那些困扰我们的弊病和苦难？"每当不幸降临于他，或得知有人受到别人折磨时，他总习惯于静静地思考，或与那些看起来够格的人讨论：人们是否能完全避免这种弊病，或者至少可以减少它带来的纷扰？随着年龄的增长，他越来越清楚地认识到，在一切公民宪制中，我们仍然能够或多或少地发现不妥之处，这对世界进步来说无疑是一种障碍，此障碍即使不是唯一的，也是最强大的。从这一刻起，他投入了大量时间来独自参悟，研究**应当如何建构一个国家，才能最大限度地增进全民福祉**。对于这个极其困难的问题，尽管他并不奢望能拿出一个彻底的解决方案，但年事已高的他决定，尽可能简短地写下这些受公认的字句——在经过彻底检查、并与迄今在此问题上其他人的一切探讨进行无偏见的对比之后，它们被证明是正确的。

根据他的方案，他并不希望一个国家在接受他的想法后立马废止现有宪法，并根据他的蓝图来建立新的制度——他从未这样想过。而他一开始就必须宣称那种作为是鲁莽的，实际上是在犯罪，因为它可能带来灾难性后果。不，他只把思想付诸笔端以达到唯一目的,即让博学和无偏见的人去考察新事物,去伪存真,查缺补漏(假设某些国家宣布本书的印刷本或只是手抄本可以[在该国][①]流通)。在允许市民社会大胆进行多数提议所涉及的变革之前,首先必须全方位地考虑这些提议;全国所有明智和善良的人也应当一致表明对它的支持。但这也并不完善,就算众人中最睿智的人也认为最好的国家中必须包含某种制度,人们仍然有理由怀疑此制度是否应立即引入该国。这并非因为其他应当同时推行的所有制度都已考虑在内;也非因为有人认为这会给他们带来损失(不管他们是对还是错)而导致目前的反对声音太强;抑或现存制度与新制度之间鸿沟太大,以至于国家不能合理而恰当地从前者突然跳至后者。在允许人们将适用于最好国家的制度引入任何现存国家政府之前,必须启动一整套的居间方案;我认为人们必须设计好仅仅短时间持续的措施,其宗旨是为人们应对将至之事做好准备。这种转变应当是渐进的,不仅不会侵犯任何人的权利,而且也没有人会有理由抱怨自己不得不为更漫长的转变过程而备受艰辛。但只有当人们对最好国家必然包含哪些制度完全达成共识时,才可能实施这些措施。另外,很容易看到,不同国家将需要不同的居间制度,因为这些制度的特点不仅依赖于共同目标,也依赖于世人们所处的不同情形。为此,作者仅关心第一个问题,即哪种适用于国家的制度能够被称作最佳制度。他完全不关心第二个问题,即怎样造就这种国家。如果将来某天人们公认他对第一个问

① 本书中圆括号括注的内容为原书内容,方括号括注的内容为译者为便于读者理解而补充的内容。——译者

题做出了回应，做出了不可忽视的贡献，那么他将非常满足。无论如何，他相信这一点是实情。尽管本书页数寥寥，他却也为它们灌注了某种价值——实际上，如果人们能接受这本小书，对他来说这是他能够留给人类的最好、最重要的遗产。

因此，无论是谁，当有朝一日读到这些书页时，要知道，在你和他还没站在上帝的审判座前时，作者都希望你介绍一下你对本书作何用处。他非常不希望你不加检视地认可这些观点，或者轻率地尝试用不正当手段将他的提议付诸实施。他也强烈地要求你公正地审视这些观点，而不仅仅出于激情去争辩；也许，真理就会在你的内心显露。他甚至更强烈地提醒你，不要去压制这些真理。把这点书页付之一炬是轻而易举的（如果它们仍只是手稿），这样也就把它们可能带来的一切好处扼杀在摇篮里。但试想你是否能无罪一身轻地为此负责？你这样会受到人们的谴责，因为他们原本当时就能获得哪怕一星半点的有益真理，却因你而延迟了。

导　论

为了考察哪些制度最适用于公民社会，人必须以这样的信念为动力——以哪一种方式来组建公民社会，这个问题并非无关紧要。现在的确有人不仅声称自己持相反观点（我们就不必再去理会这类人），也真正相信它；即使不总如此，他们至少会在某些时候用似乎确信的眼神去盯着一些事件。实际上，我们三思后得知，到目前为止几乎所有国家都有着同样多的不幸福的人，无论其制度如何（无论[这种制度表现出]一个人还是所有人的意志，[那种意志]都将是法律）；历史告诉我们，最理性的人经常改变他们的制度，却也从未找到想要的福祉。所以在经历多次失败的尝试后，他们也时常考虑最好重启某项之前被抛弃的措施。此外，我们认为一切事物都有好的一面，也有坏的一面；人们会明白自己并未被任何人压迫，而只是在自我折磨，这在某种程度上可说是人类的本性。那么大家也许几近相信，纵然我们给国家制定这样或那样的制度，但最终也不会有多大区别。

然而我认为，没有比这种想法更荒谬的了。每个国家都有人对自己的命运不满，即使在最理想的国家之中也不缺这样的人；尽管这些都是事实，但要说这类人的数量在每个地方都大致相等的话，这既无法被证实，看起来也是不可能的。例如，欧洲不幸福的人数就远远超过了美国。但即便情况如此，它除了表现出迄今所有宪法都在相似程度上陷入了误区，还能有何别的意义？绝不能由此得出结论说，一部宪法不可能比其他所有现行宪法明显更优越；也不能说在公民社会更精致的机构或某个迄今任何地方都不曾有过的机构中，情况仍与此相同。有人说在现行宪法治下几乎随处可发现同样多不幸福的人，但这也不是事实。当一个慈爱的君主向臣民显示出父爱时，也许有这样那样的人会因被公正惩处而抱怨，但成千上万的人会认为自己是幸福的。相反，在一个被暴君统治的国家，你能看到每个人[紧皱的]眉头都在诉说着[自己]深受其害；当阴燃的反抗之火总算被扑灭时，它还会在别处再次爆发。也不要忘记，一个人的抱怨程度并不能确切反映他承受的苦难和不幸福。人们可能会非常不幸福，但不管是出于昏睡还是恐惧，他们又都无声地忍受着痛苦。另一方面，因为更敏感并且不怕[遭到责罚]，一些人反而期望用怨言来改善他们的境遇；甚至在并没有感到自己特别不幸福的情况下，他们也会不断抱怨。因此，如果有人因在一个国家比另一个国家听到更多的怨言，就立即推出前者比后者有更多或几乎同样多的不幸福之人，那么这种推论无疑是轻率的。坟墓里没有怨言，但尸体是快乐的吗？

可以肯定的是，历史告诉我们，明智的人经常改变他们的法律；经历多次尝试之后，有时会恢复至多年前的旧制。但这是否真的是因为已被尝试过的各种不同措施——不仅这些，还有那些可能的、未被尝试的措施——都对全民福祉有着同等的影响？首先，这些已做出的无数尝试恰恰证明了这一点：人类的共识在任何时候都承认这个真理，即通过对现行宪法进行恰当改革而获得更大的全民福祉，必然是可能的。然而，当人们刚推行新制度不久，就又将其更换为下一个制度，这也至多能说明他们还没有找到真正优秀的制度；构想出好的制度，并且对其进行思考而后推行，当事情举步维艰时，我们是否会因此感到讶异？最后我们看到，历经变化，人们又回到了原先的旧制度，这很可能表明他们背离旧制度是错误的，但不能说所有制度都是等价的。不管怎样，严格地说，我们绝不会看到在常规不变的情况下老一套又被拿出来；相反，它只是和以前相似，其发生环境并不相同，已经有了变化。这样我们就不能说废除或恢复旧制必定是错误的，因为当我们做这两种抉择时，它们可能都是对的。

此外，每种制度都有好的一面，也有坏的一面，这不可否认，只是人们或许不会认为好坏总是互相平衡的。相反，在某些情况下其中一面会压倒另外一面。比如，在没有人被迫承认某一信念的情况下，这时好处很多，坏处也有一些，但好处压倒了坏处。同样，在某国公职与头衔均为世袭的情况下，这时坏处很多，好处很少——在这种情况下坏处如此强烈地压倒了好处！

最后毋庸置疑的是，我们人类已经愚蠢到自我折磨的地步；既然最好的宪法也不能使每个人都变得明智和善良，并且许多不可避免的弊病是以我们的有限本性为基础的，因此即使在建构得最好的国家中我们也仍然会承受很多苦难。但这并不意味着这些苦难的数量和规模将始终保持不变。相反，我们对此事的反思时间越长，我们就越清楚，我们的苦难，尤其导致苦难的原因，可以被恰当的制度所消减。我们的身体如此虚弱，要承受许多疾病，这并非某种不可改变的自然法则所致，而是因为我们生自羸弱的父母，在童年时受到不良对待，有时被宠坏，然后又完全被疏于照顾；因为我们所吃的食物、从事的活动、穿的衣服和住的房屋都不符合健康原则。是否真的可以怀疑，合理改善所有这些影响我们健康和体力的条件，能够对我们产生有益的影响？在我写下这些的当下，我们有多少同胞缺乏基本的生存要素啊！他们因贫困而湮灭，这不是因为广袤的大地资源不够丰富以至于不能养活她的儿女，而仅仅是因为背道而驰的国家制度允许用如此不平等的方式来分配物资，也因为大地表面大部分地区实际上仍然荒芜。我们还要强加于彼此多少苦难，还要怎样去攻击他人的荣誉，去侮辱、虐待对方？国家让这一切发生了，或者说至少它没有运用它所掌握的所有措施去对抗这些弊病。

考虑到这一切，人们是否仍真的认为，对公民社会的宪法做出任何可能的改变都不能增进我们族群的幸福感？如果要找到这一可能性，人们就必须假设某种更高能的存在者通过其隐匿的行为阻止地上之事变得更好；这种东西会一直把我们的幸福剥夺净尽，即我们改良公民制度所能产生的幸福。当然，去相信这种东西的存在是愚蠢的，甚至是亵渎神明的。但只要给予我们的公民社会一个更合理的方向，我们就能自信地期望变得更加幸福。不过对此也许有人会说：如果事情真的如此，如果我们的族群可以通过推行一种更为恰当的宪法而获得根本性的帮助，为什么上帝一直以来从未引导我们去认识这部宪法？如果他不吝非凡手段来引导我们去认识增进福祉所必需的真理，那他为何从未召唤某人来教导我们认识最恰当的公民社会制度？上帝从来不让我们知道这些制度为何物，难道我们就不能从这些事实中看出这些知识对我们毫无用处吗？

我认为有必要尝试将此疑问暂搁一边。为达目的，只需要想想众所周知的东西。也就是说，想想是否因为上帝未允许某种知识出现，所以它就对我们无用？这根本就是不合理的想法。认可和允许这种推论的地方将产生最荒谬的后果。难道我们没有发现至今仍处于原始野蛮状态的民族吗？我们更多以彼此相似的人类外形而不是以他们的行为来认定他们和我们同属一个物种。这些人至今对他们的道德价值、德性真谛，对上帝存在、他们灵魂的不朽和无数其他非常重要的真理几乎一无所知；迄今为止，他们仍然对改善世间处境的最常见方法一无所知，甚至不知如何使用火和金属。那么还有人会因此而真的认为，学习这些知识对他们毫无用处吗？果真如此的话，一切反思和理性都是毫无意义和徒劳的。但事实并非如此，充满善和智慧的造物主给予了我们荣耀的礼物——理性，以便我们即他的仆人，能用它来改善我们在世间的处境，并且取得越来越大的进步。当然，正如他赐予我们双眼以使我们能看见，他也给了我们理性来面对在本质上符合理性的一切事物，另外还包括为我们的公民社会设计出最合适的制度。但是为什么上帝让我们对一种真理比另一种真理了解得更早？为什么上帝如此安排事物，例如，让我们在掌握一种药草的治疗能力几个世纪之后，现在才意识到用另一种方法也能取得同样的疗效？我们不能奢求懂得这一点，因为它取决于整个环境；只有总览无限宇宙的上帝才能理解它。如果我们恰当地使用了理性，如果我们不遗余力地反思却仍不能知晓真理，那么尽管它可能看起来有用，但这种真理的知识对我们来说尚未能发挥作用。我们也不能说到目前为止我们还没有发现真理，就意味着将来永远也找不到它，因此放弃寻找更为合适；但毫无疑问这种说法是不合理的，尤其是在我们并不能宣称自己已不遗余力去寻求真理时。如果说这种真理一直隐藏至今，证明上帝不想让我们认识它，其实这只是试图将我们自己的懒惰归咎于上帝的法令，即以最可耻的方式滥用对上帝的信仰。如果迄今为止，我们还没有就哪种制度更适用于公民宪制这一问题达成一致，这只是因为我们还没有做可以且应当做的事情，去使我们更接近这个重要问题的答案。或者我们真的可以吹嘘，我们中已有人按这个问题应有的研究强度而投身于它？我们是否以必要的公正性进行了这些调查研究？我们是否从来没有因自利、骄傲或其他激情被冒犯，而拒绝一个非常合适的制度？

关于这个话题的一般性讨论，我该怎么说呢？大多数国家甚至不允许在公开研究中涉及最好国家的问题，或者只允许宣称此时此地的宪法堪称最为恰当。在这种情况下，我们没有找到真理，这有什么好奇怪的呢？我们是否希望上帝通过启示来让我们了解这些制度，以代替我们通过思考得出的[制度]？又或者，如果上帝没有这样做，我们就可以推断它们[①]的发现对我们毫无用处吗？不，你们谁也不能允许自己做出如此推论。

亲爱的读者！我们民族有六千年历史，但对于一个公民社会该采用哪些制度这一问题却毫无本质性的共识。如果这使你痛苦（并且你有痛苦的权利），那么尽你所能上前去纠正错误，那样至少你会用尽全力、不带偏见或激情地去考虑一个值得我们考虑的主

① 指这些制度。——译者

题，这超过一千个无益的主题。如果你在这个问题上的判断还没有被错误的学校教育引入歧途，如果你用自己健全的人类理性来思考这个问题，那么我确信至少你不会对此处必须解决的第一点长期犹豫不决，此第一点即所有公民宪制都必须指向的目标——如果它堪称完美。我尤其相信，当声称这种社会的目标必须最大限度地促进整个社会的德性和幸福时，你们都会同意我的观点；制定每一项法律、每一项法令和制度，都必须使其能够促进德性和幸福。实际上，这是一个显而易见的事实：如果一个人不能意识到没有什么比所谓“未得到一些哲学家的承认”更荒唐的事情，那他也就无法理解为何会有博学之人不承认它。但是，如果可以肯定，只有能促进德性和幸福、在这方面的部署无与伦比的国家，才堪称最好和最完美的国家，那么，也当然不能说同一种制度无论何时何地都符合最好国家的概念。不同情况下，同样的制度对全民福祉的帮助时多时少，甚至可能完全是有害的。有的事物在一个地方很容易实现，但在另一个地方却困难重重，甚至不可能实现。然而，尽管时间地点的情形各异，但所有这些情形有些许共同之处；并且由于人性在任何地方都大致相同，除了这些可变的制度之外，还应当有其他一些不变的制度，而且这些制度必须在每一个号称完美的国家中占有一席之地，无论它处于世界何处。在此只讨论后一种制度：我只会尝试就一些法律和部署提供概念，即那些必然存在于一切真正建构良好的社会中的法律和部署。即便如此，我也不会承诺（这些概念有）任何详尽的完整性，而只提供一些片段；如果它们是可用的，也许会得到其他人的补充来构成一个整体。在判断某项部署是否属于这种最恰当宪法的问题上，我们绝不能假设人们会扮演他们理应扮演的角色，或成为道德导师所希望的人，而只能按他们实际上的样子来看待，但我们不必纠结于此。诚然，如果我们真的已经堪称完美，那么即使是缺陷最大的宪法也是可以容忍的。但是，正因为我们不完美，所以必须要维持宪法，它考虑到了这些不尽完善之处并部署一切事务；因而尽管宪法有缺陷，我们仍倾向于完全按照整体利益的要求来行事。从这个意义上讲，它是在遵循一句名言——最好的宪法就是施行得最好的那一部。一部宪法是否施行得当，即宪法留给公民的自由裁量空间是否很好地得到执行，这并不属于宪法的本质；正因为它不由宪法本身，而由其他状况决定，所以这些事情既不能提高也不能降低其价值。然而，如果一部宪法只看重施行，而公民幸福就全靠运气，那么当然可以认为它是有缺陷的。一部好宪法不应使公民福祉任凭运气摆布，而应当如此部署：即便被赋予某种权力的人不总是做最好的事情，而只追求自己的利益，他们这些行为仍然不会对整体有害。

第一章　论国家的公民、范围与划分

我想人们首先要问的是，谁可以被看作国家的一员。对此我首先概括地说，在一个建构良好的国家，如果成员身份及其作用（即该身份可以得到国家赋予的所有好处，但也使人承担公民的所有义务，必要时会以武力强迫）产生的好处多于坏处，则必须把每个人都视为这个国家的一员。从这一原则出发，人们认为[公民包括]：

一、真正的公民：

（一）所有自己要求被视为公民的人，他们不仅承诺遵守国家法律，而且有理由认为他们能遵守这一承诺；同样

（二）他们的所有子女都达到某个法定成年年龄，届时他们将大体上是由某些宗教规定的方式公开宣布是否愿意继续留在本国；在这种情况下，他们必定会庄严宣誓遵守其法律。

除了这些真正的公民，在建构良好的国家中，另一种人也是被允许的，即

二、许多其他人外国人，如果他们：

（一）可以举出他们不正式加入国籍的正当理由，例如因为尚不完全了解该国的法律，或只是想在其境内旅行；以及只要

（二）他们不会对国家有害，例如他们的生活方式不会伤害别

人或试图使人违反法律，等等。如果他们做了任何这类事情，人们就可以惩处这些外国人的罪行，并无条件驱逐他们。

外国人还必须遵守[最好的]国家的法律，在没有造成损害的情况下不得有例外情况。然而，外国人不会受到其他约束，但同样也不会享受这些义务所带来的好处。

任何人一旦宣称他希望被视为国家公民，并也因此被接纳，就不能按他认为合适的方式放弃[此身份]，也不能因放弃[身份]而逃避其罪行应得的惩罚。然而，一旦他服完刑期，便可以离开这个国家的领土，即移民；某些条件下，即在对其余公民不造成危险的情况下，任何公民都可以移民。

我们刚才所谈，已经假设了最好的国家仍不会包含某些地区甚或整个社群。不过，我仍希望有一天，全人类会将自己视为一个整体，在此之中每个人都会在某些事情上致力于顺应他人意愿，人们也会有办法（包括在必要情况下使用暴力）迫使其履行承诺。在这一点上我想说，整个人类构建起同一个国家。也许有人会认为，在如此庞大的整体中，相关机构无法为每个部分建立紧密联系，因此无法证明这个集合堪称同一个国家。我不会反对这种说法，因为这似乎只是用词的问题。相反，如果人们承认，必须努力实现一个目标，即让地球上所有人达到某种统一、所有国家之间形成一种普遍联盟，那么我将感到满意。

但无论人们对这一问题的看法如何，无可争议的是，每一个建构良好的国家，不论其规模多么小，它不仅要承认其他一些较小的社群和团体，还必须鼓励它们的形成，并且要谨慎地维护它们。因此，无疑哪个国家都必然有许多家庭，即丈夫和妻子、父母和子女或兄弟姐妹生活在一起的社群。为了更好地开展活动,例如土地耕种、航行或科学考察等,同样必须建立很多社群。在每一种良好状态下,人们也会容忍宗教社群——人们认为自己有义务加入宗教社群,只因为他们相信某种宗教的教义,而非其他原因。

毫无疑问,这也将发生在最好的国家,正如现在的国家一样:那些因主动选择或出于偶然而生活在彼此附近的家庭,正因为住在一起而相互建立起更加密切的关系,形成了自己的市。如果这些市不太小——例如由大约一百个家庭组成——在单一家庭中或多或少随机发生的许多现象将在市这一层级中几近规律性地发生。因此,例如假设他们的环境中并无不均等现象而导致差异,那么任何包含上百家庭的团体都将拥有几近相等的子女数量,等等。如果这些市之间不太分散,调查就不会太困难,每个人都能毫不费力地了解其他成员的特点、境遇和需要。从这一点来看,他们将能够在许多方面互相帮助,并且如果一定数量彼此靠近的家庭加入到同一个联盟中,将会有很多好处。此外,同样明显的是,在几个这样的市之间,一个较为松散的联盟将有莫大好处,因为一个市本身无法满足许多需要,但可以与其他市合作。对于拥有大约一百个市的联盟来说,在个别市仍属随机发生的现象,此时将非常有规律地出现,比如那些拥有出色才能而适于接受高等教育的孩子的数量,等等。现仍有一些现象在联盟中是随机出现的,而上百个联盟的结合会使这些现象再次变得有规律,如火灾或洪灾造成的损害。因此,构建由大约一百个相邻市组成的联盟(我们称之为县),然后又由大约一百个县组成的其他联盟(我将称之为省),都是合适的。

第二章　论立法

下一个问题是，在一个建构良好的国家里，谁应当被授予立法权？

在此我认为，国家任何成年的成员都不应被完全排除于立法之外。同样，并非每个人都对每一项立法拥有发言权。相反，我希望，对任何有待通过的法令来说，对其发表意见的权利应该并且只能授予某一类人，这些人的品性、意见、道德和外部环境将会保障他们的看法能带来裨益。这样，某些法令仅需要少数人的意愿就可证明其正当性；然后，某些法令只有经过数百人批准才会合法有效；最后，某些法令必须征求全民的意见，只要他们已成年且非罪犯。对一种给定情形来说以上哪种方式适用，有时会提前以总章程的形式决定，而另一些事件将考虑其本质而定。

以下人群不能获得投票权：

一、任何对正在考虑之事一无所知的人，和

二、无论投票所涉之事是以哪种方式决定，投票本身对其都不会产生任何正面或负面可觉察影响的那些人；除非，在此事上存在利益关系的各方无法达成一致时，可将他们这种无利害关系方作为仲裁者以征求意见；

三、所有因种种犯罪行为而被怀疑对待定问题缺乏必要善意的人。

提议的权利应无障碍地拓展到每个人，以尽可能激励那些有足够洞察力提出适当措施或法律的人。不仅如此，倘若通过无偏见提议而产生的公共服务带来了有益效果、提升了大众利益，那社区的年鉴中应该对其感激致谢，或在合适的情况下将致谢提升到全省[年鉴]等等。为使人们没有理由担心会因提案而招致敌意，他们将可以把这些提案以密封（加以代号）的方式提交给社区、省等当局，就像现在一些国家已经执行的那样。任何人在未经授权的情况下打开或扣押这些提议，将受到严厉惩罚。

然而，为了使国家不会为审查那些无价值的提案所困扰，呈递的材料将由若干（例如六位）完全独立的人进行初步审查。如果他们一致认为该提案不值得考虑，它就会被否决。但是，如果提案人认为他没有得到公正对待，认为他的建议仅因恶意或误解而被否决，他可以要求将包含该提案的文件保存在市或省的图书馆。为了进一步减少对初审人滥用职权的担忧，他们必须实名拒绝这些提议。另一方面，那些推荐提案，甚至可能对其进行了改进等操作的人，将与提案者共享荣誉。

如果负责审查提案的人认为它足够优秀，值得进一步考虑，那便将通知每个按上述规定有资格投票的人，必要时可打印该提案（在紧急情况下，还可使用电报）。

然后在每个市，在指定的时间，所有认为该问题有投票价值的人都会会聚一堂。如果意见产生分歧，并且有些人认为拟议的措施会对他们产生不利影响，那他们就必须解释该措施会造成什么损害。如果他们所言的损害性并不十分清楚，那么一个中立的专家小组将对此做出评估。赞成此措施的一方现在要考虑自己的预期收益是否足以弥补这一损失。如果他们承诺支付补偿，则将用损害评估的方式来确定受损个人应得的补偿金，即每个人都估算出自己应得的补贴，然后由他人进行评定。

若有人认为拟议的措施可能对不能投票的人产生不利影响，比如他们不在场，或者尚未出生，那么就必须选派一些人来代表他们的观点。根据该事件的重要性，这些代理人支持或者反对的理由都会不同程度地使其为人所知，以使公众甚至是后人对它的看法都能进一步促进该投票被认真执行。

针对立法权在如此之多而实则全体公民中的分配，可能会有一种看似合理的反对意见，认为这种安排假设了一种文化程度和道德水准，现今没有哪个国家能达到这个标准，或者说它其实根本无法达到。但我特别强调过，人们只能将投票的权利赋予那些有眼光和道德品性的人，使我们有理由期待他们的声音于我们有利；那种反对并不能真正反驳我的观点，因为我已否认那些缺乏足够眼光或诚意的人可以获得投票权。人们至多能似是而非地说，要确定谁应当被赋予投票权，这是个极有争议的问题。不要忘记我着重谈到必须有多种规则来更准确地做决定，以防把最常见的视为最合适的，从而经常引起争论。同样值得考虑的是，某种精英文化(intellectual culture)可能比任何国家的现状更加普遍，正如我后面要细讲的那样。就道德而言，人们决不应该相信只有那种标准极高的人才能拥有投票权，那类人完全不顾自己的利益，只给出能促进公共利益的提议。不，他们一定要允许自己为了自身利益而投票,因为正是透过这样的投票,我们才会知道哪种措施对大多数人是有利的。只有品德败坏的人才不适合投票。因此,只有那些纯粹出于恶意的人,或者因对即将生效的措施危言耸听而[显得]不诚实的人,才不适合投票。仅仅是因为别人会受益,他们就要阻挠那些并不会对自己造成不利[影响]的东西。

考虑到这一切,我声称,在这样一个国家,只要大多数公民一致赞成或反对,无论其他所有措施多么恰当,都可能颁布或废除任何一项法律;人们也就必须担心,仅仅为了满足人类的感官,许多有益的措施就迟早会被废除,而许多有害的习俗可能只因表面上合法而被批准。因为即使人在最佳环境中成长,恐怕在感官和理智之间挣扎时,人也多半会选择前者而不是后者——尤其是年轻人,他们总是在国家内占多数。因此,为了防止全民中大部分人掌握无限的立法权而出现问题,我认为有必要采取以下措施。如果多数人形成的决议被我称之为长老会的社会成员所拒绝,且非简单多数而是几乎一致拒绝(比如 9∶1),那么这种决议就不能获得法律地位。现在,我所理解的长老会,即一些人(男女皆有)在其所住的市里举行的每三年一次的选举中赢得多数选票而获此显职。三年后,他们要么被重新任命,要么被免职——如果他们犯下某些罪行,或由于年龄而变得不那么有能力。成员自身因日益年老体弱也有权要求离职。只有约六十岁以上的人才能担任此职务,他们中也只有通过反复考验而显示出正直品性和[敏锐]洞察力的人,以及能抵抗强烈诱惑的人能被授予此职。一个人可能既善良又睿智,但这并不需要由长老会的准入考核来证实,所以不会有人因未入选长老会而感到耻辱,即使他已适龄。唯其如此,任何人都不得仅因其专业能力就成为长老会的成员,即使是牧者或讲道人也不应如此。不足六十岁的人,只要能证明他们品性正直、知识广博,仍可以被选入这一职位,但任何情况下不满四十岁的人都不能担任此职。另一方面,那些犯下某些罪行,甚或只是被怀疑有犯罪行径的人,必须被禁任该职。

最后,每一个市都有权选派至少一人、至多五人到长老会。长老会成员应当有权要求那些已经在其所属市或社会更高层级所通过的决议接受长老会复审。但是必须规定,长老会至少应有十名成员。在任何情况下,长老会显然不仅要能防止已有措施或法令被废除,而且还应有权推行当下缺乏的必要的新措施。因为,和所有公民一样,长老会成员有权提议新措施和法律。这种措施必须对公民公示,但即使为他们中的大部分人所否认,也不会影响其推行。如果长老会同意重新审议该措施,并对其几乎一致赞成(而非简单多数同意),那么即便大众不支持,该措施也照样能推行无误。

我希望,人们在深思熟虑后可以清楚地看到是否应该成立这种掌控权利和责任的长老会。然而,如果一时间还看不出为什么有必要授予长老理事会决定性权力以审查社会其他成员的表决结果,或看不出这样做用处何在,那么我要提醒读者注意前面关于长老会的说法——这种权力并非适用于所有情形;相反,长老会只有在内部没有意见分歧、几近一致的情况下,才能对多数人的声音拥有决定权。也许有人会从中得出观点,认为更有效的方法是每次都先单独与长老会磋商,而只有在长老会不能达成一致意见时才向其余民众咨询。但我表示反对——人们会对自己选择的某种措施更为满意，他们也更愿意遵守经过自己认可后制定的法律。一个人不能剥夺他人选择某种良法的权利，而是要给予他们一切机会去这样做。因此，在任何情况下，当长老会决定通过一项法律时，即使多票通过，人们也应设法使用一切可行的引导手段，说服其余公民发挥自由意志来投票支持这项法律。例如，人们可以广发文章来说明该措施的好处和必要性，或者让那些本身已确信并持支持态度的公民，在他们遇到各种偏见时要抓住一切机会去驳斥，等等。

有人也许会问，既然获得大部分公民投票支持就可推行某种法律（至少在长老会并未一致反对的情况下），那我为什么要同意授予长老会以权利，使他们能在达成一致意见、而非简单多数后，就能否决大部分人的投票？我已经说过，即使有最好的教育机制和各种各样的法律，我们也无法避免一种现象，即有权就公共事务投票的人中，有相当多的人在某些情况下本可做出更好的判断，但却软弱到被激情所蒙蔽。因此，不能指望每当真正好的事物出现时，我们就能说服每个人都相信它的益处，并劝他们投票支持。另一方面，人们可以自信地认为，当一个真正好的措施正在商议之中时，不仅[全社会]多数人，而且全部人或绝大部分人，或产生长老会成员的那部分社会阶层中的人，都可能会对此予以支持。因此我们完全不用担心仅因为不能促成长老会成员投票，真正有益的措施就永远不能在最好的国家被推行。此外，对那些不赞成某个措施的人而言，如果长老会中的任何微弱多数都有权迫使人们服从，那么这就似乎是非常压抑的，尤其是在不赞成者占大多数，且这些人也能看到即使被视为全国最好、最明智的人们也对此莫衷一是的情况下。相反，只有当长老会一致站在少数人的立场上时，少数人才能推翻多数人的投票，而多数人实际上并不会认为这不公平。毋宁说，当他们看到最优秀和最睿智的人都一致与自己相悖时，必然会明白自己的判断是错误的。

第三章　论政府

很明显，无论对于个人还是国家来说，很难判断在特定情形下何为最好和最合理的做法。要正确解答这一重要问题或只是给出稍有些道理的回应，往往需要动用海量的知识；有时，如果事先不了解国内状况，也就是说不了解它的全部需求和它（拥有）的全部资源，那么根本无从就这一问题发表任何看法。比方说，人们可能想知道，是否应按社会上一些学者的想法来实施某种耗资不菲的项目，例如近来的环北极航行。可能的情况是，并非所有学者都有能力评估这类工作的效用，而只有该领域的专家才能做到。但这不仅是一个关乎效用的问题，也关乎国家财政：哪些其他开销需要支付，是否有更为必要或至少更有用的项目，等等。

由此可见，国家需要安排专人——即那些不仅从青年时期就开始学到判断这类事物的一般性原则，而且也对国家具体情况了然于心的人——竭尽所能掌握有关这类问题的知识。在一个国家中，如果有人真能掌握相关知识且不疏于顾及自己的其他行为，那么这样的人越多越好。然而，显然并非每个人都有足够时间来获得这般翔实的知识，特别是在综合把握国家需求和资源时。因此，为了使这种对国家事务有密切了解的人才永不匮乏，并为了使他们能随时待命，每个国家都必须抽调公民组成一个特殊团体。这些公民有些已经掌握了这种知识,有些由政府要求他们在工作中掌握;这种知识是合理地起草决议所必备的基础,当某项决议存在争议时,就会任命他们对其发表意见。

正如在某些情况下,其余公民之所以无所适从,是因为他们对事物的真实状况缺乏足够了解;同样在另一些情况下,即使那些真正拥有足够知识的人也无法提供咨询,因为他们没有足够的时间,或者该问题缺乏重要性而不值得花费这么多时间和精力来提供深入意见。那么在此,同样地,必须要有一些人以其余公民的名义作决定,这是他们的权利和义务。简单地说,我将国家的政府或主管机关,或国家官员,还有行政人员个人,都统称为监管者。每个市如能配备一名或几名官员来负责政府事务,那将大有裨益。县会(比市)配备更多的人,以便做出必须站在全县立场上的决定。这同样适用于整个国家,并且只要一些国家结成联盟,那么整个国家联盟也必须配备行政人员。

很明显,为了使这些官员正确履行他们的职责,在知识和素质方面对他们的要求是极高的。毫无疑问,如果职责占去了这些官员所有的时间,那他们应当会被全体民众所支持,尤其得到那些涉及切身利益的民众的支持,即一个市的官员应该得到该市的支持,县的官员应该得到该县的支持,省的官员应该得到该省的支持,国家的官员应该得到全国的支持。如果一些官员只将部分时间用于公共服务,那么他们获得牵涉这些服务的人们的支持就够了。此外,官员的任期可能会有差别,这是一种权宜之计。因为随着时间的推移,他们逐渐懂得如何开展自己的业务并日益成熟,也通过实践获得了更多技能,因此除非有必要,否则我们不应该替换他们。

另一方面，终身任期带来的后果也是不好的，部分原因是他们的性格可能会改变，或者因为环境和年龄的变化而丧失工作能力，抑或会有其他人出来证明自己更能胜任——不管在职的官员有多大能耐。因此，最好的办法是给予人们每年选择其官员的权利，或者至少每两年或三年；也给予机会使他们能留下老官员或别的人，让他们与新人一起碰碰运气。在这种情况下必须特别申明公务员未获留任并不是一种耻辱，除非因确凿的渎职行为而被从岗位上除名。

这些领取报酬的行政官员或公务员，应当有权利和义务去找寻推进国家最大利益的措施。对此他们会遵照某些规定。再则，这些规定将表明哪些法律可以由他们制定[①]，或者另外一些情况下有必要将其提交全体讨论——无论是提交给市、省还是整个国家；最后还表明在哪种情况下他们虽拥有决定权，却不得不听取一些其他人甚至是整个群体的意见和建议，比如专家学者。对于任何将取得永久合法地位并将成为国家宪法纲领构成要素的法律来说，任何公务员，尤其是涉及整个国家的公务员，都无权对其做出决定，而只能以上述方式将其交给全体人民。

每个包含若干公务员的部委都应当有一个负责人来带领业务工作。除此之外，他没有任何其他特殊权利或义务，而只是维持业务工作有序进行。公务员将通过投票来给出决议；如果出现票数相同的情况，按照某些规定，一方的意见则也应当优先于另一方的意见——比如，最有经验的人都在某一边，等等。只有在紧急情况下，才应在首次会议上就针对所提出的问题做出决定。否则，他们

① 这里是指官员们直接制定，无需其他审议环节。——译者

可以并且应当用足够的时间来考虑和讨论这个问题。如果重大问题要求公开并且可以公开(即其性质不要求保密),那么此事应当向公众公布,并鼓励公众以个人或整个社区的名义发表意见。不过,无论大众的意见如何,如果从本质上来说该决议不能由广大市民来作出,那么作为部委是无须听从的。然而,即使不必强迫人接受某种意见,至少对其了解一番也是好事。同样,如果人们的意见被纳入法律考虑范围,即使那些意见并非唯一的指导性原则,他们也会更愿意接受这种法律。但如果在这种场合下提出的很多意见是错误的,那就仍需要大量真正有用的建议。因此,必须要求政府公开一切需要决定的事项,并尽可能从善如流——但这并不是说任何此类事件都需要正式表决。无论如何,政府应当至少在事后公布决策和协商的年度记录,而政府成员显然须为自己的作为负责。这样,人民就可以得到政府所有活动的报告,同时也会得到政府收支情况的报告。

有了这些机制,再加稍后将提及的其他机制,我们便不用担心公务员会受诱惑而大肆贪污,或为了一己之私而出台损害整体利益的措施。但是,如果怀疑某官员不诚实或缺乏足够的洞察力,那么,他要么下一次[选举中]不受任用,要么会受到调查并被起诉至法庭。

公务员的人数由两个因素决定。首先,至少要保证足够的人员来讨论他们应当做出的决策,使他们不会因感到时间不够而只能仓促决定。另一方面,应保证人员数量达到必要[程度],以至于我们可以期望他们能从各个恰当的角度去审议所有问题,并以诚实和认真的态度做出决定——因为如果有人出于偏袒或激情做出决定，另一些人将出来反对他们。如果人数超过这两个标准的要求就会显得庞大而臃肿，它只会妨碍政府的工作，并给国家带来无谓的开支。

毋庸置疑，最好的办法是让人民自己选择他们的公务员，每个省市根据自身[人口]数量来选择一个或几个。也许无须要求各行各业都有自己的代表，然而这也可能是一件好事，它将增强人们的守法意愿。在一个建构良好的国家里，从各行各业中挖掘有能力担任公职的人将会更加容易；因为人们将会接受更加一致的教育，尤其是因为国家行政机关所要求的知识得到了更为广泛的普及，超过大多数发达国家现状。[①] 在这种情况下每个市都将拥有足够的人手来组建他们的行政机关（即他们的市政当局）。此外，最好让每个市自行选择官员。当然，如果可以，他们几乎总会选那些居住在一起的人。不过，由于这些人生活在他们中间，大家对其都很熟悉，所以他们不会做出糟糕的选择；人们也不必担心选中完全无能的人，因为他们不缺人才。

不光是市，更难决定的是整个县或省甚至整个国家应当怎样选择官员。一方面，在此每个市都应该举行投票，这似乎是非常公平的，因为这一选择将会与他们自身休戚与共。另一方面，不管某人多么适合担任某职务，人们都有可能并不认为他会为县内每个公民所熟悉；更何况在省或者国家层面[了解他的人]会更少，因此无法获取民众的信任而让大家坚定地为自己投票。只有那些已在

① 这里可能是指统一的教育会使那种知识广为传播，也被各行各业的人所掌握，因此这种教育使得在他们中间进一步选用有能力的人会更容易。但这个句子的逻辑似乎有点牵强。——译者

岗位上服务多年的人，其在岗事迹已被许多人熟知，影响力又辐射到更多的人，这样他们的名声才能扩展到全国。但这种名声并不总是与事实相符，因此也不能为这种选择提供保障。那么，且不论资质有多高，那些还没有担任一官半职从而尚无声誉的人又如何呢？必须承认，广大民众，即使最佳建构的国家中的人们，也很难判断他们自认为熟知的人是否具备高级行政机构中一个合格公务员所需的素质。综上所述，我得出结论：最合理的做法是不由全体人民来选择，而是由（下一级基层政府的）[1]官员来选择，或更确切地说，来提名某些人员来担任这些职务。被提名的人数会多于职位数，往往是所需人数的两倍左右。届时将由被提名人自己决定由谁来担任何种职务。[2] 的确，那些本身就是官员的人自然会知道如何评估未来官员的素质，即使是将在政府高层任职的人。他们也将有更多的机会去了解那些可能具备这些素质的人。因此可以期待，他们提名的人多半是相称的。如果给予被提名人权利以参与制定考核和测验（他们认为这是任命一个人所必需的），那么可以放心地让他们在这些合适的被提名人选中找到佼佼者。[3] 此外，国家的年报中除了记录官员们的成就，还要记录那些虽然当选但[主动]让位的人的名字。就投票而言，无论是官员还是其他民众，如果是一个简单的投票，那么最自然的流程将是让所有的选举人进行首次会面，让他们互相介绍自己心目中最合适的人选，对其

① 括号内为英译者所加。

② 此处原文疑有误，应该是由提名人或者在职官员等来决定由谁担任何种职务，不是由被提名人。否则与上下文矛盾。——译者

③ 这里的“他们”是指官员们。——译者

品质、天赋、原则以及从前的业绩等进行介绍——这样，如有不实或有失偏颇之处，抑或认为有更值得推荐的人选，人们就可与其相辩。在这些初步讨论之后，下一次会议上就可进行表决。在这里，制定一项程序来消除在收集和计票过程中的任何欺诈嫌疑，这是很容易的；而且，如果需要的话，也可以防止人们知道谁投了谁的票。例如，每个投票人只用在一张折叠的纸上写下他所选的人名，并把它带到会上；可以找一些孩子把这些纸片放在一个罐子里，然后把所有纸片拿出来，再唱票、分类和计数等。这些都可以在一个大厅里进行，做事的孩子们与投票者之间会用栅格隔开，前者将处于一个高架平台上，这样每个人都能看得到，等等。但是，任何人都不应该被迫去接受一个公职，特别是在高层，即需要强意志力才能担当的职位；很明显，尽管他们（官员们）已经被选中，但在任何情况下他们都必须能自由接受或拒绝这些任命。事实上，如果有人只是认为[某些]投票人可能会投给自己，他也应当有权事先要求[他们]考虑别人，因为他觉得自己不适合这个职位。

第四章　论强制手段

国家制定了最好的法律却又不能确保人人遵守，这样难免有点形同虚设。然而，可以预料的是，并非所有公民都愿意遵守国家的法律，即使他们清楚地看到自己的利益所在，甚至自己也投了赞成票。

因此，每一个国家都必须有能力去胁迫那些不愿遵守法律、接受应得惩罚的人，并在他们不主动守法的情况下，迫使他们按法律命令行事。如果社会完全没有这种能力，没有任何手段来执行共同意志并在必要时使用武力，我们将因此而确切地说，它不配被称为国家，或者这个国家已经解体。因此，即使最好的国家也必须有强制手段。首先，在每个个体社区，某些人（法官）必须拥有采取强制手段的权利。即使这些人自己不强制执法（诸如体罚等），也会有一些人依其令而行（法警、警察、侍卫），并为此配备武器和惩罚工具。这种划分的意图是显而易见的，据此一个人只决定使用何种武力，而另一个人只按指示使用武力。同样明显的是，只有那些知识渊博、品性高尚的人才能被选为法官。至于法官们的助手，人们应该更关心他们的体力，但也应该注意他们的生活方式不应使人反感，也不能允许他们经常发脾气，因为那样可能导致其滥用自己的武器和惩罚工具。以不符官方指示的方式使用武器都将被认为是滥用，必须从初犯就严惩不贷，还要永久性吊销其武器携带许可。顺便说一句，法官或他的助手都不会把这类工作视为他们唯一的职业，因此，并不要求后者随身携带武器。尽管如此，市级法官只能使用某些不太严厉的强制措施；更严厉的惩罚只能通过法律程序向上级官员（县法官）申请后方可实施——而且，必须根据这类案件的相关管理条例[去申请]。此类案件的数量很少，因此可将其要点通过公示向大家阐明。

然而，这种方式仅适用于只有极少数人拒绝服从国家、因而必须对其使用武力的情况。如果同时有许多人都想推翻国家制定的要求，就必须有一个不同的、更为强大的力量，以便向他们灌输惧怕，压制他们。这种可能性似乎是存在的，因为即使在最好的国家之中，也有一些人人都不满意的措施，或仅在一部分人、甚至可能只是在长老会的支持下推行或维持的措施。是否有可能到了某一天，很多甚至大部分公民都会起来宣称他们不打算再遵守这一法律？正如最好的国家面对从**内部**爆发的反叛之火时也不安全一样，当面对试图摧毁它的**外部**力量所造成的攻击时，它将更加岌岌可危。只要运转较好的国家附近有其他运转不太好的国家，那么在可能的情况下后者要推翻前者的话，至少表面上看来会占优势。如果大军向最好的国家全线压境以迫使爱好和平的公民屈服于外国势力，不让他们在自己的法律下生活而要遵守另一个国家的法律，人们该怎么办？我坦率地承认，我不知道最好的国家的公民如何随时随地抵御这一危险。这就是为什么对于任何人类社会来说，无论其多么渺小、处于什么状况，都必须按他们认为最好的原则来建立国家的主要原因之一。在不能指望建立更好秩序的情况下，最好不要开展一些只能以人类流血而告终的事情。另一方面，为了使我们不必为制定一部适当的宪法等待得过久以至于超乎必要，并且为能够力所能及地保护该宪法使其一旦制定即不受国内外颠覆性威胁，那么任何公民只要身体没有缺陷，都应接受武器使用和防御术的培训和操练。此外，必须配备足量的武器和军事装备——当然，这些东西并不掌握在公民个人手中，而是存放在安全的地方，在需要时可立即调用。通过这种预防措施，我们就能把整个[国家]都武装起来；如果有外国胆敢对我们发动攻击，他们将不得不调动和我们全民[数量]一样庞大的军队，然后也只能看到他们的雇佣军无法像(我们)这些为家园、为自由、为妻儿甚至为自己生命而战的人那样勇敢战斗！他们只可能得到尸体而不是战俘，得到燃尽的废墟而不是繁荣的土地。如果我们能够通过这些措施实现这一目标，使外国势力不会轻率地想把另一部宪法强加给本国公民来取代他们自己创建的宪法，那我们也将以同样的方式提供最可靠的保护措施，防止内部的不满者扰乱甚或彻底推翻国家[政权]。

很不幸的是，我们总可以看到，即便一个久经外部势力考验的优秀国家，在面对本国公民的叛乱时也最终会屈服——或者，即使叛乱没有导致国家彻底倒台，至少也要导致无数人流血后才能被平息。让我们调查一下是什么导致了这样的悲剧，回忆起这些事件总会使友人们泪下。我们发现，每次叛乱都有以下两种原因之一或二者的结合——反叛者由于国家的恶劣制度，或者多少有点因自己生活的放荡而陷入极端贫困，他们在绝望中做了这些事情。因为他们相信，除了自己的生命已经没有什么好失去的了。又或者他们是权贵的追随者，被金钱和承诺所征服，希望现行宪法的彻底改革会给他们带来巨大利益，或者相信反叛将是改善事物的最佳捷径。可以认为，即使运转一般的国家，也不必担心其中第一个原因造成的叛乱。有一类公民，他们并非由于一己过错而缺乏最基本的生活必需品，所以扰动国家只为得到一些利益。但建构良好的国家中不会有这种人，因为每个人都有机会诚实地获得生活必需品。相比之下，即使是在一个运行良好的国家里，因为自己的过失、懒惰和挥霍而挨饿的人也不会完全消失。但是这种人将是相当罕见的；如果人们按今天所有运转良好的国家的惯例那样对这些人给予同样多的关注，那么不管他们的怨念有多深，都永远不会威胁到整体。而其他常见的反叛理由也不会在建构良好的国家中发挥作用，因为那些理由预设了一些公民拥有惊人的财富和影响力，以至于成千上万的人生活在他们的慷慨之中，并希望能从他们的恩赐中获得好处。这类事情永远不可能在最好的国家中发生，这将在续篇中展示。这样我们就已经可以看到，人们在此可能担心的那种反叛，其性质必然与迄今所经历的一切迥然不同。

然而，还有另一种可能是，很多甚至大部分公民不是对整个宪法，而是对个别措施或法令（无论是新的还是旧的）感到不满，并坚持要废除它。鉴于这些公民的意愿，这些措施或法令将再次被论及（前提是最近没有对其进行复查或不常复查），并进行另一次表决。现在让我们假设，尽管向公众做出了陈述，但大多数人仍然赞成废除这项措施——因此，事实上，如果仍要认为争议性措施仍具有法律约束力，那么唯一原因是（根据国家宪法［规定］）长老会宣布一致赞成这项措施。

此外，假设心怀不满的市民们意识到他们人数[众多]，而只有长老会在妨碍他们获取想要的东西，那么，是否应该担心他们会一同起来造反，并利用暴力寻求出路？啊！即使在我们很不完善的国家，社会上大部分人都对某些措施——这些措施显然不是为了整体利益，而是为个人利益——感到不满，他们却也年复一年地承受着这枷锁。一般来说，除非人们受压迫之外还要面对更大的无礼傲慢和蔑视，否则不会发生叛乱。不过，让我们假设，心怀不满的市民会试图直接用暴力来实现他们无法通过法律手段实现的目标。如果每一个社会都有一些更善意的人会立即把这些人愚蠢到该受惩罚的计划告诉上级，并且同时尽可能去阻止这种混乱的发展，那他们还干得成什么吗？再进一步说，正如我们已经知道的那样，如果不是每个公民都能携带武器，而只有某些获准的人员才可以，其余武器则由政府存放在特别的地方，(那又会出现什么样的局面)？最后，如果政府终于向所有心怀善意的公民发出呼吁，要求他们拿起武器保卫国家，击溃反叛分子，[这些人又会有何成就]？难道不会很快就会出现一股力量，它的优势地位会让不守规矩的人屈服，从而不致发生喋血吗？尤其是当这些人希望事后被认定为仅仅出于误会，并希望尽可能受到宽大处理和体谅时。

让我们也假设，在最好的国家，人们会从小就听说任何反对政府武装的人都是可鄙的；让我们进一步考虑，应指示被武装的公民更多地把武器作为力量的象征，而非实质上的杀伤工具，并且只有受到人身威胁时才能使用它们;让我们想想,叛乱如果发生在最好的国家,这将不是针锋相对的人们之间互殴的问题,而是一群士兵对抗一群公民,后者都是受全民尊敬和爱戴的人。如果我们把所有这些都牢记在心,就会都得出一个稳妥的结论:完全不必担心最好国家中会有当前这些国家才会发生的血腥场面。

第五章 论自由

任何社会概念尤其是市民社会概念中都已包括的是，一旦成为其中一分子，我们就在某些方面被限制了行动自由。因为最重要的是，我们要保证在某些事情上不依自己的意愿，而按照全民意志行事。对于此种对人自由的限制，不管那些傻瓜和恶棍怎样认为，只要社会意志强制人去做的事情本身不是坏事，且整个社会和他个人的幸福大于它所造成的伤害，明智的人都决不会将它视作魔鬼。

尤其当个人想去做的某事本身就是邪恶和不公正的，而他会被社会加以禁止，或至少加以阻挠，那么他就会认为这项措施不仅对其他人，对自己也是真正有益的。

目前，在一个建构良好的国家里，只能以上述方式去限制公民自由；因此在可能的情况下，人们必须安排好一切，使任何人不致因为受到某种收益驱使，或被某种必须忍受的艰辛或其他不良后果所胁迫，甚或受到惩罚，而做出造成危害的事情（即使[不是这些缘由而]只是出于他本人的意愿，也同样不会如此）。

满足此条件后，人们就可以声称这个国家真正实现了自由。

第六章　论平等

不满现行宪法的人们所提出的最常见和最强烈的批评，针对的是公民的权利义务严重不平等[的现象]，而这种现象随处可见。因此，当愤怒的暴徒在某些倒霉的国家造反，以暴力推翻有缺陷的现存秩序时，“自由与平等”是随处可闻的战斗口号，因为他们认为这将是带来改善的最佳捷径。让我们看看这种要求的理由何在。

如果绝对平等意味着所有公民都应当被不加区别地赋予相同的权利和义务，那么缺乏理性的人会要求在所有权利义务上的绝对平等。[但]人们的权利和义务必须由他们的需求和能力决定。现在，彼此结合组成市民社会的公民个体，他们的需求或能力并不完全相同，那么享受完全平等的权利和承担完全平等的义务这种要求就显得愚蠢。我们作为人类，彼此之间的需求和能力各有差别。这其中很大程度上源于不可改变的自然法则，因而我们对此几乎一筹莫展。还有另外一些差异或许能或多或少地被缩小，尽管有人可能会怀疑我们是否应该这么做，或这是否弊大于利。性别、年龄、性格这些因素，给需求和能力造成了多么大的差异！难道我们要无视这些差异，而让男女承担相同的义务，又给孩子和成年人以同等权利吗？未之有也。由此，很显然，我们要坚持的平等，须得用另一种方式去理解它，而决非按字面意思将其理解为每个人都拥有相同的权利和义务。

不，如果我们有理性，就不会指望国家赋予所有公民相同的权利，或者对每个人都提出相同的要求。我们会希望若非出于人们之间需求和能力的差异这个正当理由，那么[国家]对每个人的要求和赋予每个人的[权利]就不应有所区别。国家也不能推行和容忍任何对整体来说不必要的不平等，或以牺牲他人利益为代价，将不平等建立在对另一些人的专横或无端偏爱之上。

公民之间的这种有害的差异和靠牺牲他人利益换取的对某些人的优待，在迄今所有宪法中都是真实存在的。这一点再真实不过了。

两种特别有害的不平等是：

财富的不平等，和仅因出身而造成的某种权利的不平等。我需要对这里的每一种不平等都略加谈论：

首先我承认，公民财富完全平等既不可能，也不可取。当一个国家秩序井然，人们可以通过勤勉和节俭，尤其是通过运气来积攒财富，这比平分全部物资所得到的财富要略多一些。这不仅无害，反而会有诸多好处。我认为，只有当个人财富超过更大尺度，例如超过上述平均水平一百倍以上，才是有害的和不可容忍的。勤俭节约的人能拥有更多的财产，比别人更富有，这当然也是好事，同时人们去践行这些美德也是值得鼓励的。而当人们通过美德（也可能甚至仅仅因为运气）而拥有了财富且不超过一定限度时，我们没有理由去抱怨他们使别人变得贫穷。我们也不必担心他们会用这些财富去行贿以达到自己的目的，并因此形成一股腐败力量。

但如果公民财富的不平等现象失衡，那么这两者都将成为现实——这种失衡正如几乎所有古往今来的国家中出现的那样，大量物资、财富本可通过平均分配来满足上千人，却被少数人独占并被认为属于合法行为且受国家保护。这种个人手中的财富必然使他人陷入贫穷之境；掌握财富的人如果不对其同胞产生危险性影响，就不可能长期持有它。无论是谁，光从他能[将财富]给予给上千人并帮助满足他们的需求来看，如果他不是最优秀的人，难道不是最危险的人吗？仅仅因为给群众分了一些羹，并许诺后续将有更多，他是否可以按一己意愿去驱使群众？如此明显之事无须多言。但说到这一点，我无意否认财富的不平等在某些时候产生过些许积极作用；确实，对于将人类文化层次提升到我们当前水平来说，它也是必要的。当大众仍仅仅满足于身体欲望和需求而无别的想法时，真正幸运的是，一小部分人莫名地看到了某些更高贵的东西，他们意识到自己的地位（感谢物资分配的不平等）从而去资助一些大众不可能资助的事情，因为大众永远理解不了这种事业的好处。我们各种学科知识中最有价值的进展，哪些不是来自有产者和富人？不管是纯粹出于行善的热忱，还是出于对更高层次快乐的渴望，他们都敢于在没有任何成功保障的情况下从事代价高昂的事业，而大众甚至不能理解这些事业的目标。然而，这些事业最终给人类带来了未曾想过的幸福！

但我们是否应该从中得出这样的结论，即不平等已被证明在过去是十分有益的，它同样可能会给未来带来类似的好处；或者无论如何，为了感恩，就不要去干扰那些帮助我们获得这种祝福的富人？众所周知，从过去到未来的推论不总是正确的，因为在过渡期间情况可能已经发生了翻天覆地的变化。公民财富出现巨大不平等,亦即我认为最好的国家中绝不能出现的那种情形,鉴于我们享有的社会文化(比如在大多数欧洲国家,即便今天也完全没有必要为了尽量得益[而造成这种情形]),我承认,它是通过个人的财富来实现的。今天,我们不需要企望富人的支持,期待他们为促进某些公众利益的事业准备了必要的资金;相反,我们可以通过税收来筹集这些款项。还应指出的是,当为公众利益而征税或起草决议时,鉴于本书中我建议的方式,完全不必向所有人解释这种支出所资助事业的益处。如果我们假设没有必要靠富人来成就一些大多数人并不了解的昂贵项目,那么在其他所有方面,富人们的存在只会产生破坏性后果。

已经多次指出,个人拥有的巨大财富必然导致他人陷入贫穷之境。倘若更进一步说,这样的一个富人对其他人,尤其是把自己的穷困归咎于他的人来说,便是一个长久怨恨、嫉妒的对象,他们也想如法炮制变成富人,而如果行不通,就想尽办法去伤害他以达到报复的目的。那些清楚自己的富有令他人不满的人,是否真的钟爱(不管怎样他们都坐拥这一切)他们的财富?当人人都嫉妒它时,拥有了物资又能给我们带来什么乐趣呢?然而你要说:财富是宝贵的,因为它为我们提供了行善的机会。我同意你的看法,并承认只有这才能说明为什么当意外之财降临时,现今政权中一个明智而善意的公民会感到惬意。但要知道,如果你的财富被用来为善还是作恶仅仅取决于你个人是否乐意,那这种情况本身就已是坏事,并且是一个构建良好的国家所不能容忍的。也要知道,那些依靠你的善行而过活的人,如果他们能靠慈善组织而非你的仁慈去获得他们有权索取并必定获得的东西，这会让他们更开心。最后还要知道，即使你可能会断定财富永远不会致使你去作恶，却也没有人能保证你的继承人和子孙后代也这样想；而且，更可能的情况是，财富迟早会毁掉他们。但如果这就是财富的本性，那么当我们采取措施让他们逐渐丧失财富时，就不必担心这种态度是忘恩负义的。事实上，我们夺走的并不是他们身上的好运，相反，我们把他们从危险中解救出来，而不至于迟早有一天会被拖垮。任何人也不能指责我们犯了错，迫使他们即刻摒弃久已习惯的生活方式——因为我们不会突然去纠正目前的财富不均现象，而是要通过一系列步骤，用一代甚至几代人的时间才能实现最好的国家所要求的那种平等。

但一个明智的国家不会只要求某种公民财富上的平等，更严格地说，还要求废除世袭的特权和义务。没有任何公民会仅因为父母而获得特权或被要求承担某些义务。不可否认的是，父母有时会把某些品德或恶习传给子女；因此，在最好的国家中，必须注意自己对子女教育的影响。例如，在教育某些儿童时，他们的父母有某种恶习，人们就需要特别注意儿童身上是否也能发现任何类似倾向，如果发现，就要及时把这种有害倾向扼杀在萌芽状态。同样，也应当提醒那些通过其祖辈的非凡优点而表现出卓越才能的人的后代，并让他们明白，他们也被寄予了厚望。如果这种做法似乎等于容忍世袭贵族，那么我承认，即使在最好的国家中，也存在着某种世袭贵族。因为我只是在乎一件非常自然、非常有益也非常无害的事情，对此发布禁令是荒谬的。但是人们应该点到为止，不能让好事坏事同时发生。你可以按你所想的那样经常向伟人的儿子提起他的祖先，按你所想的那样经常让他明白他继承了父亲的衣钵，但不能自认为事情就该这样，你决不能给予他那些已经证实自己杰出品性的人才应有的任何权利。你所给予他的，不能超过其他人从父母那里继承的财产；你不应让他的话比出身平凡却在同样环境中的人更有分量；你不能准许他通过挤走别人而占据某个岗位，因为后者[在位]并不在于出身，而在于他的表现，从而被寄望能出色地完成岗位[任务]；对于[接受]教育和承担国家重要岗位、享受荣誉[的机会]来说，你不应该将任何人拒之门外，无论他出身多么普通——尤其当一种内在力量促使他去寻求这样的教育，并且他的老师也见识到他拥有必备的天资。此处提到不应发生的那些状况，很多国家难辞其咎，而实际上今天[此类事情]在这些国家中仍有发生。这使得贵族体制被那些真正深爱人类的人们深恶痛绝，也使得他们期盼所有出身差异都被否认，无论这种差异有多微弱。因为人们恐怕不会仅仅止步于这一点差异。然而，在一个其他所有制度都较恰当的国家，没有足够理由去担心这种情况。所以，我认为可以在此重申，应当保留那些良俗，防止其他恶习。

第七章　论思想自由和宗教

第五章提到的自由原则，要求尽可能对某些行为做到零容忍。这些行为诱惑公民相信以前并不赞同的看法，而这么做只是为了自身利益或避免持相反看法带来的不良后果，甚至可以在声称认可某事时心里又想着截然不同的东西。如果[人们]可以出于这种心态而信服任何看法，那么在宗教方面更是如此。因为当一个人错误地说服自己接受某种宗教看法或仅仅嘴上说说时，道德败坏就显得尤为严重，其处境就更加不幸了。所以，如果国家仅仅因其宗教信仰就认可(例如赋予其特权或优待)或厌恶某人，而与其行为无关，那么将适得其反。相比奖赏，更荒谬的是用惩戒或强制的方式让人赞同某观点。这些手段不仅是徒劳的，而且会事与愿违，并使人们更抗拒那些强加之见。甚至使异教徒归化的查理曼大帝等一众人也不能反驳我们所谈的这一点。实际上最终使那些异教徒转变[信仰]的并非武力，而是他们的孩子所受的教育。如果一些公民出于对上帝的尊重而认为有义务做某些事情，那么即使不能促进整体利益(如动物祭祀、独身生活等类似情况)，国家也应该允许他们去做，除非对公民来说这些行为带来的损害会大大超过因取缔它们而产生的负面影响——比如他们想用活人献祭，等等。

如果一些公民希望有自己的牧者来带领他们敬拜，在宗教上更充分地教导他们等等，只要他们认为这符合自己按国家法律生活的自由意志，那么也是可以允许的。因此，并不是国家任命了这些牧者。相反，那些承认某种信仰的人必须自己选择他们的牧者，并负责他们的生活开支。

然而，任何人都不应该把自己的宗教观点强加于人，比如不顾对方的意愿而一味向他们鼓吹。因此，如果一个宣教士改变了宗教信仰，又宣扬一些让所在社区反感的观点，他们就有权把他从岗位上撤职；如果发现他道德品行不端，亦可这样做。

同样，不允许任何人**首先**通过口头教学向年轻人**直接**散布与当前不同的新看法。相反，新的观点只能在书面作品中介绍，此后的[相关]讨论也应当有限度。

每个人都应该被允许转变信仰。然而，他必须证明自己了解现有的和[之后]打算皈依的信仰。例如，假设他不是神学专家，那么就要接受某些考核，或接受几个星期的指导等。

凡是不认为上述说法有误的人（如果他的判断没有受到学校[教育]的干扰，我认为这会很明显），都能够毫不费力地区分下列观点的对错，而这些观点至今仍然随处可见。有人说，国家中不能有宗教。相反，另一些人则认为，国家只应坚持最理性的宗教，并应将其提高到主导地位。其他宗教只不过是被容忍了下来，而且还要彻底禁止含有明显谬论的宗教——例如任何人都不应该否认灵魂不朽或上帝存在，所有的迷信都应该被禁止，等等。

说国家根本不应该有宗教，当然不能理解为任何国家公民甚至任何政府成员都不应该信仰宗教。这也不能被解释为官员在处理其事务时，即在做出决策时，应当完全放弃其宗教信仰。事实上，他们必须与之完全相反，因为如果每个人都有责任根据自己在重要问题上的最佳洞察力和信念行事，那么同样，所有官员在做出决策时也有责任去认真遵循那些他们认为正确和良好的理念，而这些决策将致使成千上万的人走向幸福或不幸——这就是宗教的要求，他们承认[这一点]。因此，如果这句话包含了些许真理，那么，大致上它必须被解释为：当某些正在起草中的法令关乎不同信仰的人时，官员们永远不能忘记，应该从这些人的立场出发去了解那些法令对他们的影响。

国家只应该坚持一种理性的宗教，这当然是一条非常正确的规定，但却等于什么也没说，因为哪种宗教才应该被称为理性宗教，或那种宗教才是最理性的，这些都是相当有争议的问题。然而，要认为国家或政府有理由把他们眼中最理性的宗教提升到主导地位，这是绝对错误的，如果这意味着那些持有这种信仰的人将仅仅因此而拥有其他公民没有的某些特权。因为，正如已经说过的那样，这将导致那些原本不信的人变得虚伪，让自己昧着良心做事。只有这样理解才是正确的，即政府成员应该采用一切可行手段，尤其可用训导的方式，以便更广地传播他们认为最合理、最有益的宗教观点。另一方面，他们也确实可以而且应当，努力通过教化来消除所有看起来有错和有害的宗教观点。因此，他们决不应该迫害那些不幸持有这种错误思想的人，或将他们逐出国门。如果他们的行为符合国家法律，那么可能会被容忍，直到有人逐渐教给他们更好的东西。但是，如果他们想做违反国家法律的事情，就必然有理由惩罚他们。另一个问题是，政府是否或在什么情况下，有理由禁止传播某些他们认为错误的宗教观点。在这里，我们必须考虑一种教诲会带来多大的危险，它的传播者和听众也是如此。在这方面[①]，政府应该少做一些，而不是多做一些。例如，某些政府官员认为某个被禁的观点是荒谬的，但对相信它的人来说该观点却能带来安抚和慰藉，[因此这]是很不公平的！无论观点正确与否，去干涉一个试图用和悦阐述而非花言巧语来传播自己观点的人，这多么有失公正啊！父母认为举起自己孩子[的动作]只是在保持信仰，如果这实际上不是完全非理性的，那么对他们的禁令就会显得非常霸道！因此，总的来说，人们既不能说政府有理由用任何方式去反对他们认为值得怀疑或[涉嫌]迷信的一切，也不能说政府有义务容忍任何这类事情。相反，这完全是一个程度问题；只有将所有状况都考虑在内，并尽可能准确地权衡各种利弊，才能决定在某一特定情境下应采取何种行动。

① 指禁止传播。——译者

第八章　论教育和指导

照顾和抚养子女自然是父母的责任，而且只要他们自己受过合适的教育，就总能在这方面做到最好，任何其他方式（尤其是寄宿学校）都不可能超过他们。因此，在最好的国家，子女也将被委托给父母照顾和抚养。只有在父母中一方或双方显得不适合抚养子女的情况下（例如有堕落或暴怒的行为），才可将子女从他们身边带走，交托给另一个城镇的养父母——这使得成长中的孩子们不会过早知道自己被从父母身边带走的真正原因，也不会因此而蒙羞。同样明显的是，那些在幼年失去父母的儿童，应当被移交给养父母以完成其养育。后者可能没有孩子，或者想抚养更多的孩子。

所有智力和身体达标的孩子都应当被送到学校接受进一步的教育。拥有大约一百户家庭的城市都将至少有一所这样的小学或类似学校，并为其雇用二至三名教师。孩子们应在这些学校上学，直到他们年满十四或十五岁。

在我看来，对每个公民的教学内容，无论男女，都应包括以下主题：

一、对运用感觉、辨识力、回忆的指导，对触觉、嗅觉、视觉、听觉和味觉的练习。

二、体育锻炼，例如跑步、行走平衡木、游泳、登山、滑冰、攀梯、攀绳、跃沟等。这些练习男女双方都要做，且应将他们分开。他们将被组织起来，在帮助那些处于险境中的人时得以促进健康、发展技能。[①]

三、宗教，即官员认为最理性的那种宗教，并且得到父母允许。

四、博物学。不是五花八门无限繁多的种类，而是最值得注意的动物、植物和矿物质；特别是尽量学习关于人体的知识。

五、一切关于卫生和医学的知识，掌握它就会有用。

六、算术、几何、力学和自然科学——对人人都有用的所有这类科学；还有天文学，主要是用来使宇宙惊人的体量与上帝超凡的智慧表现得更加明显。

七、阅读和写作。

八、对有兴趣和天分的人来说，唱歌；各类器乐也如此。

九、用母语正确表达，并用另一种语言进行这种教学，即各国在相互交流中可能同意使用的语言，[②]正如有些人曾为此而想推广拉丁语。

十、少数几个历史片断，即只选最有启发性的事件，例如伟人生活，简而言之只有真正对现今国家有指导、鼓励、警告和促进作用[的事件]。

十一、一些地理[知识]。

十二、他们这个年龄能弄懂学会的那些国家法律。

---

① 尽管这些运动主要在儿童时期进行，但他们在随后的几年也要尽量做，以满足健康的要求和保持已有技能。

② 全球所有受过教育的人的必读书目，都应该用此语言来写作。

十三、最后，每一个年轻人，如果学校里学不到，就应该在社区里向别人学习一些手工艺或其他可以谋生或解决部分生计的技能，至少也能好好利用闲暇。

有些人可能会怀疑，我在这里列举的那些科目，在短短数年内是否能被接受。我可以大胆地说，只要有适当的教学方法和必要的协助，即使是能力一般的学生，也能轻而易举地在五六年内掌握所有这些科目；而对那种没什么出色才能的教师来说，这也绝非难事。只要他品性良好，不缺常识，性格开朗，热爱职业，并在教学过程中得到适当的指导，那么他所取得的成就会比我所承诺的更大。由于我不可能在这里详尽地证明这一说法，只想提醒大家以下几点。我所承诺的这种成功，其最重要的条件之一，是必须以恰当顺序来开展学习项目。然而，这个顺序决不同于我们先将不同知识按其所属不同学科分类、再将其呈现在专著中的那种顺序。相反，在教育儿童时，我们首先可以并且应当，把完全不同领域的真理混合起来，使它们的多样性能愉悦儿童的思维，使其发挥全部力量。这样，每一种新的真理都会因为之前的真理而变得更易理解和更有吸引力，这样实现的就不只是呆板教学，而会生动活泼，易于接受。如果课本和讲读人能够按照适合孩子们的学习顺序去呈现这些真理，并把它包装成故事或对话的形式，事情就会变得容易得多。此处这种特色[教学]对于道德和宗教真理尤其重要，只有借用某些经历来引导儿童，或通过趣味性故事来激发他们的想象，才能使这些真理变得生动，从而使其受益。最后，不用说，除了书籍之外，还必须有许多其他用于辅助学习的工具、图片、模型，等等，此外还要教会孩子们如何去弄清那些自己周围见不到的东西。

然而，在此又有别的事情需要担忧。假定每个公民从幼年起就可接受所有[如上]列举的科目教学，人们却仍可能想知道这样做是否可取。如果这种知识广为人知，会不会弊大于利呢？在医学方面，情况似乎尤其如此。有人会说，这里所教的那丁点知识，只会培养出一些半吊子货，他们骄傲地认为专业医疗建议是多余的，妄想自己早晚能琢磨出妙药良方，却导致已出现的病情进一步恶化。如果那些罹患绝症的人能对症状自我识别，这难道不是一件坏事吗？最后，因注意到自己身上的一些东西与某种疾病的症状有哪怕一丁点儿相似，有多少人会陷入恐惧，甚至会因为这些遐想和焦虑而生病呢？

我也不想培养出对知识一知半解的人。但这并非指一个人只学懂了一部分科学见解。相反，如果我们想指责某人是半瓶醋，只会因为他以错误的方式片面地学到一点科学事实，也不能恰当运用它（或更确切地说，他从中得出了错误的结论）。但这可以并且应该通过各种教学来避免，无论其多么琐碎。最重要的是，我们必须确保学生对所学知识有一个正确的理解，并预先警告他们这些见解可能会导致哪些错误结论。如果人们也谨慎地学到了医学方面的一些小知识，那就不必担心任何受过这种教育的人会认为那些必要的医生建议可有可无。相反，他们会比今天大多数人甚至受过教育的人更看重自己的健康；他们将能够更准确地向医生描述自己的病情，更认真地遵循医嘱，并在医生不在场的情况下采取更适当的步骤来应对疾病的发生。此外，如果某绝症症状的知识对非内科医生无用，例如，如果它不能保护他们免受这种疾病的侵害，那么唯其如此，这些症状的相关知识不应进入一般医学教育。

然而我们绝不能忘记，在这门科学中还有其他很多真理，只要转达给人们，那么这些知识就可以帮助成千上万的人保护自己的生命健康。最后，即便我们遇到有人害怕任何医学知识，传授这些知识只会使他们感到不安，那我们会说这些人极为少见，而且事实上是病态的。如果他们能从孩提时代起就对维持健康的基本原则有一定了解，那就不至于这样。因此，我们要把一部分医科教学纳入最好国家的学校通行科目。

那些表现出特殊能力和想接受进一步教育的儿童，应当被送到高等学校，但必须得到县或省级官员的许可，因为只有他们才能知道学生[人数]是否已经超额。由于不可能指望普通学校能让年轻人学会所有利于生活的东西，因此有必要在他们毕业后提供进一步的指导。对于那些未进入高等学校的人，应在假期学校对他们进行教学。我将用这个名字来称呼某种机构，即在规定不劳动的休息日，对小学毕业的青年男女进行教育的机构（因为在最好的国家中一定会有这样的日子，就像我们有星期天）。在这里，他们将学到小时候学不到的东西。某些时候，年轻女性将由女教师来上课，并与男性分开。由于这项教育只在节假日进行，所以很容易让一些社区里的人前来帮忙。

现在，人们只要还活在世上，就应该继续发展他们的思想。由于有用的日常知识大部分可以从书本中很好地学到，如果小学和假期学校的口头教学已经充分打好基础，那么每个公民都应有机会阅读有用的书籍。为此，每个市都应当有一个图书馆，收藏对该社区可能有用的各种书籍，以及几本最有用书籍的复制本。这些藏书首先应该包含适于发展、完善和加强对真正智慧的理解，其所包含的真理涉及人类的使命，我们的责任和义务，人类幸福的真正本质以及世俗利益的各种价值。这里也将会有关于加强我们对上帝的信仰以及关于灵魂不朽和启示的书。还有一些书可以向家长和教师传授教育和指导的艺术，向公民宣传国家机构和法律，并介绍实行这些机构和法律的原因，以及合法向政府施加影响的原则，等等。在某些市，市民主要从事农业或其他行业，那么为这些事项提供咨询意见的书籍就是必不可少的。最后，只要不损害道德，不助长腐朽思想，那些主要起娱乐作用的书籍也是必需的。

现在来谈谈高等学校。我用它来称谓那些教学内容比小学和假日学校更多的机构。可以看出，这种学校的数量必须庞大，并且五花八门。无论我们现在的大学在讲台上向学生宣读的内容如何，其实学生自己也很容易能读懂大部分东西。但另外也有一些科目可能更适合口授，因此，这些科目值得设立教授职位。几个例子是：逻辑学、形而上学和其他哲学学科、数学、物理学和医学。由于学生进入这些高等学校时正值青春年华（即十五至十六岁），因此，必须仔细监督他们；最好由教师自己或无论如何由他们的某些助手来负责监督。考虑到这个年龄性冲动已经觉醒，以及年轻人将不能再住在父母家中（即如果这些机构不在其父母居住的地方），最好将他们与城镇的其他公民隔离开来，特别是女性公民，并将他们限制在其他学生、教师及其助手的陪伴范围内。一方面，要确保年轻人利用全国各地学生的庞大数量所产生的各种独特优势，即他们将与所有其他人结识。由于这种熟识在以后的岁月里还会继续，这也使得他们能够提名适当的人选来担任需要更高学识的职位。此外，学生注意到别人身上的优秀品质后，将能择其善者而从之，其不善者而改之。最后，那些真正优秀的人（在如此多的学生中，总会有那么几个优秀的）将能够树立一个鼓舞人心的榜样，从而对其他人真正产生积极的影响。另一方面，必须防止一些坏人利用学生住在一起[的特点]来扰乱和折腾其他人；还必须确保学生不会认为自己受到过分密切的注视，或自己的自由受到过分限制——尽管事实上他们必须受到注视，他们的自由必须受限。如果学生们能够在城市找到出租屋，比如三人间，并且只要不因滥用这种自由而被投诉，他们就可以选择自己的室友，而所有这一切都可能得到完美解决。此外，应要求学生在公共餐桌上与老师和助教共进午餐。在规定的日子、规定的时间，学生们应该一起娱乐。最后，最可靠的学生将被允许不时指出一些可能已经萌芽的不端行为。教师和他们的助手有义务在宿舍探望学生（无论是自己的还是其他教师的学生），以便了解他们的生活情况。他们也有权利和义务至少每半年对学生进行一次检查；如果他们确信学生没有努力学习，或误入歧途，或缺乏学习所需的才能，那么他们就有权开除他，越快越好。如果这个年轻人觉得因为对自己没有足够的了解而受到了错误的指控，那么就会请几位（也许再请两位）老师一起对他进行考核，因为这种考核总是在几个人面前进行。然而在这类考核中，不得按该考官（例如教师）个人的规矩质疑学生，而应就学科[本身]提问，特别是就适于问答的学科内容提出疑问。顺便说一句，一个年轻人早年接受的某种领域的知识所获得的评级，不能作为他[日后]仍然拥有这种知识的有力证据。相反，如果他正在寻求一个职位，而该知识是必不可少的条件，那么他就必须重新接受考核。

第九章　论保健和生命

生命和健康是最重要的财富，因为它们几乎是所有其他快乐所依赖的条件。因此，一个建构良好的国家将不遗余力，确保其公民尽可能享有这种财富。关于国家为拯救人的生命而要做出的牺牲，应当遵守以下原则：为拯救人的生命而做出的任何牺牲都不过分，除非造成另一个同样重要的生命的丧失。我所谓同等重要的两个生命，指他们自己享受或带给他人幸福时[彼此的幸福]总量是相同的。例如，我认为母亲的生命比她未出生的孩子的生命更为重要，因为即使用牺牲母亲来拯救孩子，他也没有多少活下来或者活到长大成年的希望。根据这一原则，在最好的国家中没有人会反对用大量食物来挽救一个人的生命——除非，也就是说，另一些人本可靠这些食物生活，而现在却没有其他手段来满足他们的需要。

许多人生病和夭亡，其最常见原因在于很少有人从早年始就开始了解保健方法和其他一些广泛有用的医学真理。因此，正如我说过的那样，在最好的国家中，将从小学开始就向孩子们教授一部分这类真理。假期学校所教的会更多。每个市的法定图书馆都应有[相关]书籍，成人可从中获得进一步的指导和建议，也可就所发生的情况提供意见。除了这些书之外，每个社区还将至少有一名医生必须住在社区里，密切关注任何对公民的生命或健康可能有危险的东西，并照顾病人。在传染病暴发或其他需要收集信息的情况下，应要求医生向全省的内科医学院提交报告，等等。所有医生和其他任何可能（或偶然）会被问及的人，应当把公民的活动、营养、娱乐中——即生活方式中——是否有对生命和健康有害的东西视为永久性问题。

如果病人愿意，可以在家里接受照顾，但必须保证照顾充分，且不受传染病的威胁。其他[情况下]病人将被送到医院。每个市都有这样的医院，人们因年迈而不大惧怕感染的人将在此得到看护。每位医生都有权利和义务在遇到疑难杂症或特别有指导意义的病例时，从周围地区请来其他一些医生。每个城市都将配备最有用的药品和医疗器械、对几近死亡的人进行复苏的设备、合适的太平间等。

任何需要医疗照顾的人，都无须为医生、药物或所接受的治疗支付任何费用。这些费用由市代为承担，如有需要，由县或者省进一步承担，并应在短期内为此提出更多的方案。

在护理病人、敏锐排除病因、成功治疗、降低市死亡率这些方面表现越好，医生越应该得到社区和全国官员的褒扬。

第十章　论公民财产

我现在谈谈原则的形成[过程]。[①] 根据这个原则，我认为，在建构良好的国家中公民财产应当被承认。首先要承认，在这一点上我的想法与大家认可的观点相去甚远；但又可以补充说，我已经以各种不同的方式对我与众不同的观点进行了反复审视。因此，我有权要求读者们不要因为不熟悉而立即拒绝它，虽然乍一看它似乎是不合理的。

很明显，即使最差的宪法也承认，在某种情况下一件东西是否可以成为我们的财产，或者至少可以在一段时间内享有它的使用权，其决定权首先在于国家。众所周知，某些市民社会甚至不想让其公民拥有哪怕是最少的财产。他们当然做得过头了，因为把一些东西的真正的财产权至少给予成年人，是大有好处的。[②] 然而，如果我们想知道国家在授予财产权的过程中应该遵循哪种最高原则，那么我会很容易提供一个无可非议的原则。内容如下：如果授予财产权比拒绝更有利于整体利益，那就可以宣布一个特定事物为某人的财产。

---

① 这里指后面将谈到的一个财产权原则。——译者

② 这里可能是指人们，至少是成年人，对一些事物具有财产权是大有好处的。——译者

在我看来，这一原则产生了许多后果。到目前为止，虽然它们很少得到承认，但我仍然认为这些原则应当被视为在一个建构良好的国家中分配财产的诸多法律。此处仅列出其中最一般性的建议，并附有简短的解释。

一、一事物只能被特定的人有效地使用，而对其他任何人无用，那么为此应当将这个事物视为前者的专享财产。这第一条规则的正确性不会引起大的争议。事实上，无论人们是否清楚地意识到这一点，都已经在许多情况下遵循了该法律。例如，我们的灵魂居住在身体内，为此我们可以使用自己的身体，别人却无法使用，那么除此之外我们还有别的理由用来宣称这个肢体（实际就是身体）是自己的财产么？

二、另一方面，一件完全无用的东西，或者只能为某人带来一点微不足道的用处，而对另一个人却可能相当重要；那么在建构良好的国家中，它永远不得成为前者的财产，或者为他持有。因此，例如，没有人会允许视力无法恢复的盲人去购买最华丽的画作，从而剥夺其他人欣赏这些画作的机会。在今天的国家中，即使只是在最恶名昭著的情形下，人们也已经按照这一规则行事；从各种不同状况中这一点都可以被看出。例如，假设有人买下了世界上所有的奎宁，并且纯粹出于残忍心理欲将其倒入海里，这样病人就不能再用它治病了。可以肯定任何国家都会禁止他这样做，如果必要的话还会诉诸武力。人们难道不会认为这些奎宁根本不是他的财产吗？的确，我不能对我的财产为所欲为，例如，不能用它来妨碍别人支配自己的财产。然而，如果某物完全是我的财产，那么即使我对此财产的处置会导致它对别人来说用处减少或不再有用，任何人也都无权仅因为这个理由而提出反对。但是,在所谓奎宁拥有者这一事件中,国家恰恰认为这是合理的,即禁止他对这种产品进行任何破坏性处置使其对人类丧失效用。诚然,在今天的国家中,商人确实可以大量处置他所购买的商品。因此,他可以任意制定它们的价码,除非定得过高。正是由于该原因,可以说在今天的国家,这个商人对他的货品也能拥有一定的财产权(尽管不是完整的)。但这只能表明,我提出的原则现在并没有在其[涉及的]整个领域内得到遵守。就目前而言,人们觉得只需大致遵循它就够了,不用专门强调。事实上,也许我们没有清楚地意识到,我们推行过一些措施,其正当性仅因它们是应呼吁而生。在最好的国家还可以走得更远一点。这里,此原则不仅必须被阐明,而且涉及公民财产的所有措施和法律都必须以其为指导。

三、在此,从这一点来看,在最好国家中,人们绝对不会考虑这样的事实,即有人找到的某个东西在当时仍属无主之物,就能以此为由而获得拥有它的权利。找到它的人就真是最能善用它的人吗?尽管这很可笑,但到处都是同样愚蠢的事情,而且总是找到即拥有。在今天的国家,人们实际上已经认识到这项规则是不合适的,因此在接受这项规则时对其加以各种限制。例如,发现地下宝藏的人最多只能将其中三分之一作为自己的财产。但是,谁都能看到这三分之一的份额完全是任意决定的,而且,对于人们在此可能合理想到的唯一目标——鼓励人们去寻找这些东西并将发现之物上报——来说,要么太多,要么太少。因此,例如,对于在挖井时偶然发现一大块金子的农民来说,三分之一是一种极大的报偿,但这仍然不足以激励他上报此事,因为他可能不想被[当局]知道,而将整个东西据为己有。相反，如果这种念头被打消（在最好的国家的安排中就出现这种情况），那么，为了鼓励人们报告他们的发现，再给予三分之一也不为过。因此，在最好国家中，发现者的权利是完全未知的。但是，如果是有意的，并基于无私的动机，也诚实地报告了所发现的情况，那么这种搜寻[活动]的功劳就会获得承认。如果他们不是为自己而从事这些活动，就应得到适当的表彰和补偿——即使没有获得成功。这种对发现者权利的偏见已经根植人们的心里，难道我们真的还需要对这种[偏见的]有害影响再进行一次冗长的审查吗？因为即使国家对这一权利设置了许多限制，这些限制也只被视为无端的侵扰，而人们并不想理会。同样，如果有人认为自己发现了某个之前没有主人的无主之物就可以拥有它，那就更自然不过了。相比之下，如果找到的只是被主人弄丢的有主之物，这就不大会让他认为可以因此而有权分享该财产权的很大一部分。他一定会克制地把发现之物全部或部分地交还给它的合法主人。

四、此外，在最好的国家中，通过劳动使某物从无用变为有用，或许不能被视为确立财产权的充分基础。的确，人们通过劳动将一个事物变成有用的东西，就应该为此得到奖励。但是，这种补偿绝非以财产权的形式而出现，因为此物并非只对他最有用，甚至可能对他也没有任何价值。也不能说应该承认制造出货品的人就拥有其财产权，尽管他正是为了让自己享受该权利才这样做。人们也不用担心，如果这样，所有工作和从天然原料制造有用物品的动力都会消失。不，为了使人们乐于工作，只需要保证让他们知道工作后绝不会得不到补偿，而是可以享受回报；即使得到的不是自己的劳动产品,也至少是一些价值相等或更高的其他物品。这个目标既不必要也不足以使劳动产品成为他们的财产。说没有必要,是因为在大多数情况下,当一个人加工原材料来为自己所用时,他最终得到的究竟必须是特定的某件东西,抑或其他同样有用的东西,这对他来说其实无关紧要。说不足以,是因为在某种情况下,即使我们要让从原材料中制造成品的人对其拥有完整的权利,但预期成果可能无法保证,那么也就无法激励他去从事这项工作。因此,一个贫穷的农民想必会耕种土地来获取劳动成果,但当耕作的收益并不比碰运气强时,[劳作的预期成果]对于他就没什么意义。另一方面,在歉收时,国家可以给予这个农民的劳动以全额补偿,这对整体来说仍然利大于弊。实际上,不管那些盲人指路的法学理论家们对此怎么说,所有国家都已形成我所谈及的这种惯例。只有在极少数情况下,将原材料转化为有用之物的人可以拥有它;绝大多数时候,他的努力只会得到[另外的]补偿。此外,即使学者们无法贬低这种做法的恰当性,但仍想让它适于自己的制度。一个人在从事生产时使用的其他物品(可能是原料、工具或者其他类型的东西)即使本身无用也仍不属于他,而是别人的财产;对此学者们解释,国家仅仅否认生产者对某产品拥有财产权。例如有人认为,为什么矿工从地底下提取的金属不属于他,答案在于指出发现金属的这个地层不属于他,等等。但稍加思考就可看出这种解释的牵强无力。假设矿工采掘的矿石因此就不属于他,那么我们有什么权利来捕鱼和鸟,不管它们来自何方?总的来说,对我们分配地球物资的方式的一些考虑,将使那些尚未决断的人清楚地看到,我们实际上遵守的规则与法学理论家们所提出的完全不同,即我们试图把事物给予最能善用它的人，而只在某些人出于贪欲想获得更多东西的时候才会背离这一规则。一个建构良好的国家不会去满足那些贪婪的要求，这是不言而喻的。

五、我在前面提到的这些原则在当今各国并非不为人知，实际上已经在一定程度上得到了遵守。即使如此，我还得在此补充更多的规则。毋庸置疑，有很多物品是其拥有者最为珍视的，然而最刻苦的研究也无法揭示这种重视的其他原因，只能说这些物品极度稀少。这是千真万确的，我们偶尔会用到“稀有”“贵重”“昂贵”等词。没有必要在此调查其原因。然而，我们必须要问，一个建构良好的国家，其公民是否可以任由自己养成偏爱一切稀罕事物的嗜好。不管出于偶然还是其他某种原因（例如通过最高出价而中标），一个人是否能够获得某物（其价值只因为它是稀缺之物）的所有权？我认为我必须回答这个问题。任何东西如果仅因为某些人觉得罕见而对他们有价值，那就不适合作为个人财产，而应该被视为整个社会的财产，并根据其所属类型来用于公共庆典或装饰公用建筑等。我相信，我可以提出以下理由来证明这个规则的正当性——一个仅仅因为稀有而为我们占有的物品，就其本质而言不会给正当拥有者真正带来任何好处，但很可能导致他虚荣、吹嘘和愚蠢消费，还有其他许多缺点。相比之下，其他公民会发现，他们对自己的命运感到不满，因为命运没有让他们拥有这一财产；他们也会对碰巧拥有它的人感到嫉妒和怨恨。可以证明这一点的例子每天都摆在我们的眼前。众所周知，钻石不会比玻璃更有用，但我们把它的价格定得如此之高时，心目中的原因仅仅是它的稀有性。令无数人卷入其中的蠢行、罪行都是这种高价使然，因为现今所有国家允许公民把这种珠宝当财产！即使在最发达的国家，单单这种错误安排就会造成何其严重的损失！一旦国家宣布，任何因稀有而被人渴望的物品都不能仅仅是个人财产，而只能由市拥有，必须由发现者、制造者或目前的所有人移交给市政府，此时所有这一切都将一劳永逸地得到遏制。不难看出，只要稍加修改，这条法律可以而且应当，扩展到除了稀有之外还具有一定用处的物品，但这些物品的价值和需求主要是因为前者。它们不应成为个人财产，而应以合理的价格从其原主人那里征用。但这些规则绝不包括个人因其稀缺性（无论多么罕见）以外的原因而珍视的事物，例如，儿子想拥有一个外形特殊的怀表来纪念父亲，因为父亲曾戴过这种表，等等。

六、另一个更重要的后果是，从一开始宣示的最高原则出发，每个人都有权放弃对某事物的个人合法财产权，而不得仅仅因为另一个人愿意接受就转让于他。如果允许这样做，即如果允许所有公民以任何方式交换财产（这些财产原是分给他们的），那么，即使国家最初的分配方式是最好的，也可能很快有人在拥有后只会滥用它，甚至根本不用这些财产来促进自己的或普遍的利益——这显然违反了总原则及其涵盖面。因此，如果财产权要受合理规则的约束，那么出售和赠与财产的权利也必须受到某些合理规则的限制，因为前者在一定程度上依赖于后者。我们的国家可能已经对这些规则有了一些模糊的认识，因为在某些情况下，实际上有条例对赠与或出售的权利进行限制（尽管这些权利是由完全不同的意图造成的）。

七、正如任何人不得将财产转让给自认为合适的其他人一样，也不得将其出借，即不得在有偿或无偿的情况下，为了某种目的或在某段时间，将其出借给他人。这种借贷行为已经给予了[借方]某种财产权，即在规定的时间内使用借用之物的权利。不受限制的自由借贷如果被国家公民滥用，可能会造成诸多问题。例如，想想那种因为欠考虑而把书借给不合时宜的人所可能引发的尴尬。

八、因此，在建构良好的国家中，也不允许有人按照自认为合适的方式向他人贷款。因为在缺乏社会知识的情况下，很多人用从同胞那里借钱去做的事会十分有害！国家应当全面禁止这种行为，对违反法律的借用人和出借人都要给予适当的惩罚。另一方面，必须做出安排，使任何有盈余的人都可以在国家（即在市里）投资，任何需要钱的人只要有足够的抵押品也可以从国家那里借款，而且有理由相信他会好好利用这笔钱。无论谁投资，都必须获得一定的、较为适度的利息（如大约 1%或 2%），而且当他投资更多时，利息还应降低。借用人也要支付类似的利率。

九、我们的原则还有另一个相当重要的目的，那就是在建构良好的国家，孩子绝不能被视为其父母财产的合法继承人。相反，国家应将自己视为唯一的继承人，并据此行事（首先是市；但对全社会更有用的项目可以[扩展到]县甚至是整个省等）。这个原则也已包含一项措施，即只有承诺为自己和他人发挥某物最大使用价值后，才获得它的财产权。因为很明显，孩子们不总是最能善用父母曾拥有的东西。我们还没看够完全相反的例子吗？不幸的是，在现在所有的国家中我们都能看到，孩子对父母遗产的继承权必然会带来最有害的后果。如果人们允许孩子继承父母遗产，那么也无怪乎很多孩子堕落到巴不得父母早点死的地步了——我并非断言他们想加快，但至少在期盼[这一天的到来]？当孩子们知道自己将从父母那里继承遗产时，这些财富给他们留下深刻印象，孩子们就会不断地受到诱惑，把他们宝贵的青春浪费在闲散和放荡之中——那些年华本应用于获取有用的知识。不管人们如何鼓励他们勤奋，他们仍然缺乏自己所需要的强大内在动力。其结果是，除了少数例外，他们不能表现出真正的热情，而且在大多数情况下，即使在最好的外部环境中，他们也不怎么学习。如果允许孩子继承父母的遗产，那么，一个单身家庭就可以通过这种机会变得极其富有，而其他许多家庭则变得贫穷——我们已经谈到财富分配中的这种巨大不平等是多么有害。但是，如果父母的财富在子女去世时遗产不能直接流向其孩子，那么很明显，这些财富必然流向国家（首先是市）。显而易见的是，哪怕某条措施已经以一种值得欢迎的个人致富机会的形式呈现在一些官员面前，至今也没有人敢在我们当前的国家去推行这样的一条措施；相反，即使是非常有理性的人，在刚听说这项建议时[如果]只得到粗浅的了解，也肯定完全不会接受它。[①] 有两个天然的原因使所有国家都赋予孩子继承父母财产的权利。首先，孩子通常离父母最近，因此能够最可能掌握他们留下的东西。第二，一般情况下，父母最希望他们的财产留给自己孩子而不是陌生人，这对他们努力挣钱储蓄是一种强烈的激励，因为他们相信自己死后能以这种方式眷顾子女。如果没有恰当的预防手段，即没有措施去阻止这些遗产被荒谬地滥用

① 这里可能不是指某特定措施或建议，而是指任何可能的措施或建议。——译者

于填充某些人的金库，而[实际上]孩子们却比那些人更需要和更有资格得到它，那么[前述两个原因]就是有道理的；如果国家没有为那些因父母早逝而仍需照顾和监督的孩子们找到新的[养]父母，来像照顾亲生孩子一样照顾他们，那这就是应该的；如果国家中没有一种不可侵犯的法律来规定在所有孩子都得到照顾之前，这些遗产不得用于任何其他目的，那么这也是说得通的。那些打碎现有制度却不能在那个位置上比它做得更好的人是要倒霉的！正因为很庆幸人们会担忧现有弊端变得更糟，才会有很多理智的人虽然看到了传统继承权的缺陷，却仍然不建议对其进行任何修改。其他人也许是被别的原因所影响而想让一切原封不动。他们认识到，只有这样才能实现让财产代代相传的愿望。但显而易见的是，一旦人类做好准备，这种自私自利的理由不应阻止我们做出更好的安排。当时机成熟时，我在此提出的措施不是被单独颁布，而是会同最好的国家中的所有其他措施一起推行，那么，人们就不必再担心一种弊端只是为另一种更大的弊端所取代。顺便提一下，当我甚至不让子女们继承父母遗产时，我就更不承认其他情况下的人还有这种权利。正如活着的人无权随意转让其财产一样，他死后也被剥夺了这一权利；也就是说，任何人都不得擅自规定谁在世时对某东西拥有财产权。只有国家才有这项权利。它将使死者的物资流动，而服务于更广泛的大众利益。一个人只能继承那些仅具备纯粹主观价值的物品，这些物品被前主人的朋友和崇拜者视为纪念品。而如果某些纪念物还被附加了更多的价值，它们就只能被有条件地继承，即在国家批准并上交补偿款的情况下。

十、人人都知道，也有一些物品在使用后不会被销毁，即它们不会变得对其他人无用，而是可以同时或陆续被许多人使用。比如：一幅画，许多人可以同时或次第观看；一本书，被很多人读过后仍可被借阅；一所房子，一个人住了下来，另一个人还可以继续入住；一件乐器，只有经过长期使用才能变得更好；以及许多其他物品。我说的这类物品，在建构良好的国家中，它们可能永远不会被看作某个人的财产。相反，能被赋予的只有使用权，而且有时还要限定时间范围。如果像现在这样，人们不光有使用权，还拥有对这些物品的真正财产权，那人们的思想就不可避免地被混淆了，并将导致一些极端有害的滥用行为。物主现在会认为，他可以只让其他人在最严格的限制条件下使用某个所谓自己财产的物品，或者根本不允许；只要他觉得合适，就可以毁掉它。其结果是，这些物品按其性质本可为许多人提供更好的用途，却要么被闲置要么只能实现微不足道的价值。更重要的是，我们被迫要先取得对这种物品的财产权（即必须通过购买）才能使用这种物品，这显然会引起许多困难。此外，最富有的公民购买这些东西是为了炫耀而非使用它们。最后，能使它发挥最重要作用、让它最有利于公众的人，恰恰［手里］又没有这些东西。在此，人人都会自发地提醒我们图书馆、自然历史收藏、艺术品和其他诸如此类的昂贵之物，若非个人财产，所有想了解的人都可使用它们。在目前的安排下，我们确实应该对那些富人同胞的宽宏大量感到非常欣喜和感激，他们在某些情况下至少不吝让我们至少能部分使用这些东西。但是，当我们（根据法学理论家们目前的想法）考虑富人可能想做的事情，考虑他们是否有足够的恶意去策划某些东西时，我们必会感到震惊。如果他们愿意，为什么不能像著名的奥马尔那样，把最好的图书馆付之一炬呢？难道他们不能仅仅因为自己喜欢一本非常重要的书，就把它全部买入并扣留下来吗？对于绘画、艺术品和其他无数事物，难道不也会因为这些扣留而遭受不可弥补的损失吗？我们把这些宝藏交给少数人保管和维护，实际上就是将它们交给命运，这难道不可怕吗？

十一、从上文中可以清楚地看出，在时间和环境发生变化的情况下，对某一特定事物应有的财产权可能会过期。因为到目前为止，能够最有效地利用某一事物的人，后来却可能会失去这种能力，而另一些人更需要这个东西。最后很显然，相比由前者酌情将其享有的权利[自行]转让给另外的人来说，如果将财产权从前者转让给后者会更有利。① 这将取决于这些事况的性质，即转移财产权时国家是否不需要给予任何补偿，或者必须弥补前物主的损失。例如，如果有人在他的花园里种植各种果树以获取果实，而他生病的邻居却需要这些果实来补充营养，甚至将其写入康复的药方。如果别处难寻，那么毫无疑问，应该要求主人把果实拿给邻居，并且有必要给予主人以补偿。另一方面，如果一个人因为失明或者其他原因而不能再使用单片眼镜，那么把它无偿地交给别人就是公平的——因为从本质上说，他把不能用的东西送人并无任何损失。

十二、最后，必须根据我们的最高原则来确定人们想得到的每一种商品的价格，以及为向国家或个人提供服务所应得的工资。在这方面，必须遵守的总规则大致如下：

① 这里是指由国家直接从前者转向后者。——译者

（一）如果某人有权获得对某物的财产权，也希望能得到它，则本对象的价格取决于两个因素：第一，该物是否属于整个国家（或整个市）的财产，而不是个人的；第二，想拥有该物品的人是否有其他不必需的物品，或者至少能够通过工作为他人提供服务。

1. 如果某人想得到的物品不属于个人财产，而是整个市或国家的财产，但想要这个东西的人没有任何多余的物品可以拿来交换，那么在没有其他人需要的情况下，就可以将该物品免费交给他。如果同时有几个人都对此有需求，但无法一一满足他们，则应优先考虑迄今对国家做出最大贡献的人。不过，如果想要拥有该物品的人拥有其他盈余物资，或者至少能够为国家做一些有用的工作，那么，国家就必然有理由要求他提供交换物，或者要求他日后承担某种服务。现在问题来了："代价是多少？"这个问题的答案是普遍有效和显而易见的："一个人为公共福祉做出了多少贡献，就有权提出多少要求。"由此可见：

（1）代价不能太高，以至于人们宁可不要某物也不愿付偿；因为在这种情况下，肯定没有人想倒贴。

（2）还有一方面，买家发现自己得不偿失后可能会对自己的决定后悔，而代价过高时这种情况恐怕会更容易发生；因为不应让任何人抱怨政府欺骗了他、利用了他的冲动，让他做出从来没有想过的牺牲，抱怨如果他能想清楚的话是不会那样去决定的，[所以过高代价并不合适]。

（3）基于道德上的理由，所需对象越是不可或缺，[一些人]就越是想得到它。因此，在这种情况下，国家必须做更多的事情，以使其更容易被获取。另一方面，只要它使寻求该对象的人意识到某物越是可有可无，它就越是只能用于改善生活，或者仅因人们一时的兴致才具有价值；因此国家就更能将代价提高。

2. 如果某人得到的物品已经是另一个人的财产，那么国家会让这两个人按照他们认为最好的方式达成协议，条件是不得违反任何法律。应鼓励他们进行交易，这是一种对各方都有利的方式。但是，如果该物品当前的主人不使用它，而另一个人真正需要它的人却没有任何东西可用来交换，那么应该要求前者无偿赠送给后者。此外，不能容忍有人利用他人当前的处境去榨取物品，而对方此后必然会后悔。国家在确定公民财产及其交易方面施加干预的权利，仅受制于唯一的考虑，即这种干预不应使那些发现自己利益受到侵害的公民情绪恶化，以使整个社会的和平与秩序受到威胁。我们不应忘记，一个建构良好的国家的公民对政府干预的容忍程度越高，这种干预的目标和结果就越好，而他们通过教育提升的道德水平进步也越大。在今天的国家，人们已经容忍对个人财产的大量干涉，尽管很显然这些干涉不是为了共同利益，而是为了少数人的私利。

（二）如果某人花时间去做的一些事不只是为了自己，而是服务于：

1. 国家或至少整个市（例如掌握知识，使他对数百个其他市有用），那么国家或市在这段时间内，有责任按他的个人水平来支付其生活开支，[此经费]与他自己工作中的开销水平相同。我们毋庸赘言来表明这项规则的公平性，但它反映出其他很多要么得到明确认可、要么至少被默许的规定是多么荒谬。例如，看看这样一条规定——为人们提供服务的报酬应与其重要性成正比，与能够提供这种服务的人的稀缺程度成正比，与[该服务]必备的知识水平和预备工作成正比，与所耗费的力气和所需的努力程度成正比，等等。根据这些因素在一定程度上提高服务报酬，对于我们来说无疑是既公平又明智的。但是如果奖励也要与它们成正比，比方说，如果某人从事的事务有百倍的重要性，我们就发给他百倍的奖励，这既不公平也不明智。这样丰厚的报酬又有什么意义？为了鼓励一个有能力的人为人类做出重要贡献，只需确保他得到某种优越的奖赏就够了，特别是他所做的如此重要之事使大家快乐，这是一种更大的奖励。如果世俗物品与它对人们的重要性同步增加，这只会破坏国家中不可或缺的财产平等。它招致别人的嫉妒，给我们的利他主义冲动投下阴影，给我们的美德设下陷阱；即使没有使我们自己，也至少会使其他人陷入各种愚蠢和邪恶之中。用稀缺性来衡量某种服务应得的回报更是毫无意义。另一方面，一项特定任务所需的前备知识和预备工作不应总是得不到补偿，这是毋庸置疑的。不过我们不要忘记，在一个建构良好的国家，如果有人花了一段时间为造福公共利益的工作做准备，或获取所需的知识，那么他在这期间将会得到鼓励和支持。只有在准备工作取得成果时，他才会得到报酬；但[这期间]他会得到部分补偿。顺便说一句，这种补偿只是部分的，因为并不能确定他所准备的事业是否成功。但他应该放心，他已得到适当的回报，因为在需要支付生活费用的时候，他已经获得了一些支持。然而，如果他做准备时就得到了奖赏，那为什么还要为此再付钱给他呢？

2. 为个人提供的一些服务，例如医疗护理，通常由国家（市或县等）支付。这种方式将用于应对处理以下情况：

（1）人们不想患上疾病，一旦患病后他们将得知可以免费获得帮助，同时也要为他们提供这样的服务，或者至少——

（2）如果人们被迫自掏腰包支付这种服务，很明显会出现更大的弊端；另外——

（3）只有在这种安排下，那些提供这种服务的人才会不只是靠运气去获得资助，而是享有优良的保障性支持；还有，

（4）提供服务的人可以避免在工作中变得懒惰和草率。

如果不满足这些条件，那么相关人员应就赔偿问题自行达成协议，但这些协议不能违反国家法律。应鼓励他们以一种不仅对双方都有利，而且能使所有人利益最大化的方式来解决此问题。前文1和2所述内容也正是为此。

（三）仍有待说明的是国家如何确保这里列举的规则不再流于幻想，而能被公民切实遵守。其中，首先应制定少量法令，明确阐述在某些情况下可能会或不会发生的事情。例如，规定某种商品的价格，或在某一时间地点对某种工作的补偿。我们还应提到，国家在所有公民之间的交易和契约中都力求保持开放。具体而言，应颁布法令[规定]此类交易必须总是在公共场所（市场或银行）中进行，同时需要有能够判断交易是否公平的若干证人在场。如果某人被证实打算秘密进行这种交易，例如，他为了对某情况保密而与另一伙人勾结，那么此交易不仅应被声明无效，而且这伙或几伙犯下罪行的人还应被严厉惩罚，并记录在档以示羞耻。

第十一章 论货币

采用一般交换媒介或货币能带来诸多好处,在建构良好的国家也不能放弃使用这些手段,因为我们可以用比现在更多的方法避免其滥用。金属货币将主要用于与他国的贸易,也就是说,用于这些国家不接受其他形式货币的情况下。对于内部交易,几乎只用简单的纸币或其他一些无意义的货币符号。造假或模仿不会成为大问题,因为这几乎总要几个人串通才行,所以永远不可能在这里大规模发生。

即使在建构良好的国家环境中,也可能出现一些情况导致货币价值发生重大变化,即给定价格下货物总量[发生变化]。因此,应为个人以及若干人的协会制定一项法律,规定如果他们承诺在特定时间内支付一定数额的资金,那么他们需要支付的[金额]不是与表面的负债额相同,而是与债务发生时的价值总额相同。① 但随着一些商品价格的上扬其他商品价格涨跌[幅度]较小,如何确定这些货币的实际价值也往往会产生争议。因此,国家将三思而后作出这项决定。它将列出该国每个地区最基本必需品的清单,并根据这些必需品的总价格,确定该地区时下的货币价值。

① 比如,A 向 B 借 100 元,一年后还债时不是归还 100 元,而应当参照一年前 100 元的购买力还债。——译者

第十二章 论公民的活动与生活方式

人们坚信工作是必需的，懒惰则会带来危害。虽这一理念根深蒂固，但对原本需要大量劳动力和有用物资才能完成的工作来说，即使在一个建构良好的国家，那些降低人力物力成本的发明也会被看作是好事。这一判断基于双重假设：一、在合理安排之下，每个人都有可能获得用武之地，因此，二、现代国家中经常被窥见的那种弊端——对机器的使用让一部分人的收入被削减，就会易于被避免。这两种假设中，一种至少在相当长的一段时间内是合理的，而另一种则无条件成立：每一项有益发现对于人类而言都应该是一种收获，因为它会让我们施展力量进行全新的生产活动，这是此前甚至没有时间去想的东西。如果我们一方面不得不承认，由于需要的劳动力过多，当前的许多有用工作在很大程度上仍远未完成，而另一方面我们也有理由将造成失业的原因归咎于使用了节省劳动力的机械，难道这还不足以说明我们目前的安排是有多么的不明智吗？不可否认，只要所有人都轮流参与播种①、参与锄土（像在花园里那样），适时地除草，以及清理和浇灌等，那么在同一片土地上种植的粮食，其产量也是可以被提升的。然而，当有

① 在这方面，欧洲国家还要因承认自己无法和中国人相比而蒙羞多久？

人想告诉我们只需一台机器就可以代替数百名工人的工作时，我们一定会感到震惊。不，在一个建构合理的国家，这种发明不会导致失业；当一些工作不再被需要时，把那些原本从事这些工作的人分配到其他岗位上也是没有任何问题的。

基于上述原因，这样的国家不会放任任何一个有能力的人完全处于一种懒散状态，或是把时间浪费在无用之事上。在多数情况下，一个人是否在工作，工作是否有意义，或是他能否胜任更多的工作，都是由与他最接近的人来评判的，即他所在市的公民。因此，除少数特例之外，我们必须承认能够判断诸如此类事项的权利必然属于这类公民。

但是，为了鼓励人们摆脱毫无意义的工作与懒惰、散漫的恶习，每个市都应有相应措施来依据人们的贡献分配食物与其他物品，或是一般的交换媒介，即钱款。一些社会成员由于虚弱或疾病而缺乏工作能力，如儿童或老人，他们的生活[开销]将会由全市来承担。只有在能够证明上述成员数量所占比例失调的情况下，县才会向市提供必要帮助；同样，这种情况出现时县会从省获得援助。

通常情况下，单通过观察就可以判断一个人的健康状况与劳动体能；若对此有任何疑惑，可向医生寻求意见。

对于要求某一职业具备有用性来说，某些职业必定是难以衡量的。如果从事的是非体力劳动，那么即便是该领域中在行的人也常常无法判断某人是否真的已经尽其所能了。因此，这样的情况须求助于专家的判断。但同样，那些已被确认是在热衷寻求共同利益以及对工作充满热忱的人就应直接被信任。一些人从事的工作当前看来其成效甚微，[人们]只是期许它以后也许能带来一些有用成果，这些人一直以来并非总是只由市，而是由县或整个省等来供养。当然，这只适用于某些时候，即当他们从事的工作需要县或省的同意时。由健康状况以及许多其他因素的影响，没有人能够长时间不间断地持续一种工作（脑力劳动尤其不应长期持续，应与体育锻炼结合）。因此，在最好的国家中，每个人的青年时期都应该学习多种类型的劳动，其中一些属于体力劳动，可以穿插于主要工作中。例如，一位学者不应把所有的时间都花在讲台上，而应该每天花几小时进行适当的体力劳动。在今天我们会发现，学者们认为他们有必要在工作之余用几个小时来休息，以获得健康和消遣。但在大多数情况之下，他们浪费了这些时间，例如用来散步、下象棋、喝酒聊天或是抽烟等。一些活动显然毫无意义，或至少是能够被其他更有用的活动替代的，国家就应对这类活动加以禁止。例如，打谷机发明后仍继续使用连枷来脱粒，或建造一些使用起来十分费力的工具，等等。如果一个人赖以谋生的职业当下已经变得毫无意义，那么他就应该考虑另谋生路。然而，当一个人无法胜任其他工作，或是目前的工作不足以支付他们的开支，那么剩下的部分将由那些通过新发明而获益的人来弥补。如果所得利润不足，或者获利的不是个人而是整个国家，那么国家就应当提供这部分补偿。

从上文得知，许多行当、艺术或生活方式在当前国家被允许，但在一个建构良好的国家中则应当要么被完全禁止，要么至少受到严格的限制，以使任何人都不能把它们当作自己唯一的活动，即把它们当作终生追求的唯一职业。首先，我想说的是，在最好的国家中，有的职业会被严格禁止，因为它们会让人们备受虚荣心、贪婪以及其他腐败欲望的影响。例如，一个人不会也不应该容忍生产那些会催生欲望且损害健康的食品及饮料，也不应把它们提供给任何愿意购买的人。另一些行当也同样令人无法接受，它们占用大量劳动力来制作最愚蠢的珠宝饰品，如戒指、耳环等，消耗珍贵的原材料，也总是耗费无数时间精力。其他一些工作，虽然十分值得尊敬，但其性质决定了人们不能把它们当成唯一的职业，因为这些工作要么会损害人的健康，妨害一个人自身力量的全面发展及进步提高的必要进程，要么则会阻碍他们享受正常的生活，最后还可能对亟待解决的工作造成干扰。以上这些情况会或多或少地出现在农民、工人、手工业者、艺术家以及所谓专业学者的生活方式中。或许你会想要对此进行反驳，例如有人花上整整一年的时间从早到晚都专注于开发锻炼自己的头脑，这样的人怎么可能受到社会的谴责呢？大部分时间中，矿工们都在阴暗的地下度过，那他们又该如何保持健康呢？对于许许多多的手工业者而言，他们常年待在阴暗的房间里呼吸着最有害的气体，或者因工作需要长期保持某姿势而导致血液的正常循环受阻，那这些人又该如何才能拥有一个健康的身体呢？不同工作的合理搭配将使这些人都立即受益。毫无疑问，大部分人会按自己意愿来选择这种混合型的工作，只要国家出台明智的规定来赋予他们机会。至于少数由于无知、惰性或私利不愿改行的人，若国家强制他们做出改变，那他们没有任何抗议的理由——因为难道这不是在维护他们的最大利益吗？

这里出现了一个问题，如果一个人励志要成为一名诗人，他是否可以排除在外呢？事实上我的答案是否定的，因为我相信没有哪一位诗人在一生当中除了写诗其他什么都不做。这不是说如果有人在诗歌方面展现了非凡的天赋且为完成一部作品会耗费几年的光阴，国家也不应当免除他其余义务，因为别的脑力劳动工作也都必然享受了这种[免除义务的]待遇。然而，我坚信，在一个建构良好的国家中，任何公民都不允许把音乐、舞蹈、表演、哑剧和魔术等类似活动作为谋生职业，因为在我看来，就对人有用而言，人们不必投入全部身心也可以精通所有这些艺术。

为防止懒惰之风在无形中蔓延至整个社会——这种情况下人们很容易因别人的惰性而为自己找理由，应采取以下措施：一、青年人应该外出旅行观察其他社区的活动；二、公共道德法官与省检察官（稍后会进行详细说明）应当负责判定各个市的人们的勤劳程度；三、各市每年的总工作量应在该市的年报中予以公示；四、人们须和其他市的人结婚，因为新成员所带来的良好精神面貌会纠正该地区人们的固化思维。

可以理解的是，为了社会的真正利益而从事某一职业的人数是有限的，不管它多么有用或有必要。若太多人从事这样的职业，那么会有另一些人会发现自己没什么工作指令[可执行]而只能处于闲散状态，或者占据着与自身并不相符的职位，亦或是生产出一些卖不掉的产品，浪费了本该得到有效利用的原材料。如果要尽量防止这种弊病的发生，国家必须经过调查来确定有哪些市民、有多少市民希望投身于这个或那个工作。必须反复公告，让公众了解哪些岗位或专业领域正面临人员稀缺的困境，而哪些人员又过剩。当更多人同时竞争一个岗位时，国家应做出最佳抉择。通常来说，这是一个十分困难的决定，因为这不仅考虑到谁最适合当前的工作，还要考虑那些不适合的人应该从事什么样的工作。在我看来，最好的国家在这方面应做到具体情况具体分析。有时，比如申请人在市里知名度较高，又或有充足理由将某人当作最优人选的情况下，就应由市自己来决定。有时，特别是对于高等职业而言(即那些具有广泛影响力，又仅受个人良心指引的职业)，如果同时竞争的人实力旗鼓相当，或大众无法对他们的能力作出正确判断时，应让他们自己来决定谁更适合该职位。只要那个被选中的人光荣地履行了自己的职责，那么当初支持他并为他投票的人，他们的名字应该被记录在该地区的年报中。有时，我们甚至可以进行考核，并让竞选者依次在该职位上工作一段时间，看看谁是最佳人选。有时这也不仅仅是一种测试，而是因为[人们]希望每个申请者都有自己的长处，这样他们每人都花一段时间来工作将会是一件好事，因为他们都能根据个人的能力为岗位带来利益。对于某些职业，特别是那些危险、艰苦甚至是需要牺牲的工作，亦或是一般人难以评估其特质的工作，都应向外发出邀请，并说明任何认为自己有能力胜任的人均可提出申请。这类职业包括军事作战方面的领导人等。有时，在人力所及范围之内无法做出的决定，可通过抽签的方式来裁决。

如果各行业岗位用这种而不是当前国家的方式来填补的话，我们想了解情况会改善多少，我们就必须提醒自己当前的安排是有多么的不明智。很少做寻找到人们擅长之事的工作，也很少去帮助他们发掘大自然赋予自己的能力。不同职业享有的不同特权中有巨大的不平等，而职业之间也存在许多级别差异，如果在选择职业的时候人们一开始人们就设置了这些[前见],那就不能更好地规划[职业]。人们蜂拥而上想要争取到一个特权职业,他们这样做并非是自己擅长这一领域而是因为这种工作的薪水往往很丰厚,这难道有什么好奇怪吗?什么时候开始最辛劳的人得到的薪水反而是最少的了?什么时候开始,一些工作所能赚的钱比那些可敬之人用相同时间且经常更辛苦地赚来的还要多上几千倍?什么时候一个人可以享有许多特权与荣誉,不是因为他拒绝其他工作而选择的这个工作会带来多大的利益,却仅仅因为这一职业看起来更加高贵与独特?什么时候人们[开始]认为某个工作使他优于别人,这个工作比那个工作高等?

最后,如果每个城市可以建立一间或几间房屋,为人们提供各种各样有用工作的机会,这样一来任何有空闲时间或是想要换工作的人只需要来这里就可以找到适合的工作并得到相应的报酬,这就会是个非常好的安排。此种的房屋会像当今的酒馆一般备受欢迎,充满欢声笑语,因为在那里人们不仅可以去寻求各种各样的活动,还能去结识志趣相投的伙伴。

第十三章　论生产业

当一个社会有着合理的体制，不用承受非必要的战争，每一位成员的体质与健康都将能得到适当的保证，婚姻得到鼓励和支持时，人口数量将不断增长。这样的迹象越是明显，我们越是应该严肃地考虑如何生产足够的衣服、食物和其他必需品。为此，政府与每位公民都应对农业、畜牧业与所有为人类生产或预备必需品的行业(我要将它们称为生产业)给予重视。不仅如此，每一个有助于生产，或者至少能让我们生活更加舒适的发明创造都应该被当作是全社会的福祉。同样，我们也应该庆幸一些发明能够简化这些商品的生产过程，即一些机器可能够帮助减少生产所需的原材料或降低劳动力成本。总之，在最好的国家里，人们总是习惯并善于找出任何东西对于人而言的价值所在，以及生产所花费的成本。换句话说，人们总是习惯性地想要知道：真正完美的东西能带给人们什么(不管是智慧、美德还是幸福中的某一样)？为了能够生产出这种东西，我们又必须放弃那些物品？我们会发现，一旦经过仔细检查，某些行业所生产或预备的物品往往会让我们得不偿失，例如，它们的存在仅仅是为了满足我们安逸(奢侈)的生活，但却要以破坏我们生活所必需的东西为代价，这样的行业就应该被禁止。

仅凭个人之力是无法恰当完成规模庞大的事业的——那需要

众人合作；同样，大多数行业情况也是如此，特别是农业与家畜养殖业。如今，各国中这样的工作很少由个人独立完成，而几乎总是通过几个人相互合作。例如，一位农民在从事生产活动时，他的妻儿与一些男孩女孩也会在一旁协作。在最好的国家里一定会有这种相互配合完成工作的现象，或会有更多人一起共同工作。但我认为这些人并不会认为这其中还有过去那种不平等的关系，即人们通常所说的地主与仆人之间不平等，仆人和比他们地位更低的人之间不平等，也就是所谓的佃农、雇农以及劳工。相反，这种事业中的每一位全职处理工作的成员都应从收益中获得相似的份额（若分配不均，那么应与员工的需求达成正比）；另一方面，那些仅投入了部分时间的人，也应满足于较小的份额。对于一片面积小到只需一人就可承担起监管工作的土地而言（我称其为庄园），应当配备一位管理人和适当数量的员工。同样，如果有利的话，数个这样的管理人应该一起工作，等等。至于由什么人来担任指导，由什么人来[具体]执行某项工作，这一方面取决于个人能力，另一方面取决于自我意愿。然而，[从事监管工作]必备的知识与其他品质若未在国家密切监管之下的示范型事业里获得合格证明，任何人都不能被授予管理业务的权利。此外，农业生产具有特殊性，即某些时间段需要非常多的劳作人员，例如，播种与丰收这两个时节需要的人手远比其他时候多。因而，那些其他不常在农场中工作的人，如手工业者与艺术家等，这种时候都需要前来帮忙；如果他们不服从，就要强迫他们做。不过，他们应该从接受帮助的农民或者从国家得到[相应]报酬。但是，由于这期间需要大量的耕畜和人力，因此在这方面农民应该得到相应的帮助，也应该颁布命令允许在某几个月内将县里所有可调动的马匹马队分配给农民。

当灾难降临到一片庄园，但并非由于管理人或者工人的过错时，例如冰雹摧毁了庄稼等，工人们的金钱损失应由全省来承担。然而，如果损失是由某一个人造成的，那么他就应该受到相应的惩罚。

如果某个人想要尝试在庄园里种植一些有利可图的作物，并希望自己能得到应对损害的保障，那么他必须向当地的省或县说明自己的意图。若受邀对其评估的有关专家允许该实践，那么政府将为其提供损害保障。为了防止专家可能会纯粹出于恶意而反对这些实践，或反过来说批准任何欠妥的想法，我们应该制定一些评估规则，这类似于下文提到的书刊审查制度。

不得以支付任何费用[的形式]来获取一块土地的种植权。然而，当几人同时申请该土地的种植权时，应按照上一章所提到的方式进行选取。

对于其他从事艺术或手工业的人们而言，他们只能在社会环境中合适地进行实践。因而此处所谈的，相当一部分在恰当修改后也同样适用于他们。

第十四章　论商业

在最好的国家里，比起艺术与工艺，商业可能更加期待一次全面彻底的改组。我将生产者与使用者（客户）的中间人，以及所有通过将卖方的这些货物交付给买方来为自己获利的那些人，都算作商人——因此，除了实际的买家[①]和经销商，还包括司机、水手、运输代理商以及货币兑换商等其他人员。让人诧异的是这类人会如此之多，他们每天大部分时间都无所事事，例如商店等待客人光顾的售货员。此外，这些市民的财产也极为不稳定，因此常有一些人聚集了大量财富却一夜之间沦为乞丐，同时也会使很多人一起遭殃。所以问题在于，这些[商]人的数量是否会在更合理的安排之下大幅度减少，同时不会因此而对生产者与消费者产生不利影响；或者[商人们]的收益是否无法被赋予更多稳定性。

我相信，如果商业能交由国家（首先是市级官员，其次是县、省等）而不是个人来经营，以上这两种疑问都会得到很好的解答。通过这样的方式，今后该领域的工作者将会有一份稳定的收入，大致上与现今被集中在运行良好的交易所中共事的所谓佣金代理商、营业员等人的收入方式相同。不仅如此，我认为这样的安排也会

---

① 按上下文来看，这里说的可能是卖家，因为买家不应被算作商人。——译者

带来更多的好处，换句话说，不仅消费者能够更放心地买到他们需要的商品，并且更加价廉物美，同样生产商们也会有更稳定的收益。此外，对商品收取的适当税款也能减少从事税收工作的公务人员的数量等。

每一个社区都应该拥有自己的交易所(从事买卖活动)。厂商制造的每一件商品，不管是未经加工的天然产品还是制成品，都应带到交易所来销售，并以合理的价格售出(价格须正确反映生产过程中所耗费的劳动力)。与此同时，任何想要的人都只能到这里来询问并购买。交易所的商品若有剩余，可以把它们运至其他市，或更大的县级交易所中进行销售，后者可以按需要将其分配至各市，等等。显然，这样的安排会使商业人员的数量削减变得明显可能，因为当商品的预期收益不是流向个人，而是流向市、县甚至整个省时，就不会另雇人员来处理新出现的业务(并且因为商业的统一化，这种业务会更趋于减少而非增多)。相比之下，现在的交易所远远超过了所需数量，这只是为了从现有贸易中抽取利润。同理，从事令人厌烦的两地之间运输工作的人员也会减少。街道也不会像今天这样充斥着半满的或空的马车，拥堵不堪；人们也不会再像以前要花一整天时间来把一篮子鸡蛋或其他小东西拿到集市上去买。政府安排一辆或若干马车和船只来负责所有工作就足够了。这会减少贸易成本，而购买商品所需支付的附加费也会因此降低。基于此，对于生产者与消费者而言，这显然是一件双赢的买卖；同样，将这些现由个人从事的繁杂工作整合起来之后，市政当局就能够用一项交易所获的利润填补另一项交易的损失，以保持各项贸易收支平衡。除此以外，也会用各种手段来驱使生产者们交付状态良好的货物，同时可以保证所有商品都能售出。最后，在这样的安排之下，人们不会因经商而获得不合理的巨额财富，因为所赚取的利润不会流向私人金库，而是成为全市、全县或全省的共同财产。同样显而易见的是，这种安排之下，政府向消费产品征税是最容易的。

尽管如此，仍然会有人问，这一事务中有许多必须由国家聘任的公职人员，我希望以何种方式来防止他们挪用公款。然而，只要小心提防员工偷盗商品，那么任何一间大型交易所都知道应采取何种方式来预防这样的事情发生。因此，我相信，国家能拥有更多的手段来揭露欺诈行为，对付这种现象也当然是游刃有余的。首先，一个官员声称[进货]花费了多少，但实际却没花那么多，这只可能是因为商品（含糊定义的）质量有好有坏，如稻谷分优、良、劣三个等级，因此其价格就会有所不同。在后面的销售[过程]中，要做成欺诈行为，只有把瑕疵品强卖给不懂行的顾客或记账时少写一些。第三种欺诈便是以高价购买劣质的商品，目的是为了能够得到回扣。这种现象必须得到及时的曝光，因为这种商品以较劣等产品的价格再次在市场上售卖，必定会使财政赤字上升。同样，我们能轻而易举就发现任何短斤少两，或从收银台偷东西等的欺诈行为。因此，只有以上两种欺诈行为是令人担忧的。在商品数量庞大的情况下，如果能够就商品的等级做出清晰说明并一一列出它们各自的特点，那么所有这些欺诈行为都能得到遏制。例如，像纺织品与亚麻布这样的商品，我们可以预先定下几种价格，最后再把实际价格标记编制进去（如在边缘用某种颜色的线[来表示]）。对于另外一些无法以这种方式[来标明价格]的商品，可以规定只允许在一天中几个固定的小时中，由市审计员监督进行交易。这个职位不必由专业人士来负责，因为要做的只是确保交易时付了多少钱就拿相应的多少货，且记录下此交易便足够了。除开这种方式之外，也应确保专家可以时常通过随机检查来对交易进行核实（以最简便的方式展开），这样也就很难再出现任何欺诈的可能性了。众所周知，如果某位公职人员在工作中哪怕出现一点点的不诚实行为，一经发现，都会让他失去工作并受到严厉惩罚——的确，强烈怀疑某人有欺诈行为甚至也可能成为解雇的理由。

第十五章　论学者

并非所有从事高等研究的人后来都必然成为以撰写学术作品为主要职业的专业学者。相反，他们可以选择各种不同的人生道路；实际上很多职业——比如法官——只能允许由受过高等教育的人来担任。然而，我的确把那些选择以撰写学术作品为生的人称为学者。他们须寻求国家的许可，这并非只要一个市同意，而是要获得省的认可。学者们会获得省划拨的资金支持，以能全身心地投入到作品撰写工作中。不仅如此，为了进行学术研究，他们也有权申请所需的书籍以及其他辅助。然而，若这需要花费更多的开销，那就应征得其他人的同意了。该省的年报应把学者所取得的成就记录下来，并列出提供给学者个人及其[所需]学术资料的开销。最后，学者们不应把这些书籍和资料当作个人财产，而是应尽可能地保证其完好可用并归还给省，以便后来的人们可以继续使用。

当学者们纯粹出于追求知识而参加各种各样的学术组织时，国家不仅要展现出包容的姿态，更要尽可能地对这些活动给予支持。但绝不允许这些团体中的成员享有比其他非成员更多的特权与优待。

有一种方式可以消除对他人的嫉妒与诋毁（不幸的是，这种

[嫉妒诋毁的]诱惑并在学者中间并不罕见),即明确规定,当提到为人类知识进步而做出贡献[的人]时,不仅要着重提到那些发现了全新真理的人,还要提到第一个站出来对新知识表示热烈欢迎的人,以及对其表示反对并试图通过嘲弄的方式来表达他们看法的人。

如果有学者想通过书面或口头教育的方式,尝试向年轻人传播一些看似对政府不利或具有危险性的观点或看法,则应要求他记录下自己的主张。他应以最简洁并且不加任何修饰形式呈上充分的理由,来证明所述之事的真实性以及传播这些言论带来的好处,此记录将递交给长老会审查。若长老会一致认为该学者的理由不具说服力,相反其传播的学说不正确且具有危险性,那么如果国家禁止该学者进一步传播自己的看法,人们并不会觉得这有失公允。如果有充分的事实证明他仍然在暗中通过可能是口头的方式秘密传播这些思想,一经核实,国家将有权剥夺他如此行事的机会,如移除他的教授头衔等。为此,他不能抱怨自己是因受到迫害和强逼,才不得不以本可避免的方式来放弃自己的原则。如果他能够从事适合自己的其他有用工作,也就不至于因自己的能力而陷入一项有害的事业里。

第十六章　论书籍与审查制度

由于书籍决不能成为私人财产，因此书籍的出版应由国家来负责。由此可以看出，并非任何人想出版的任何东西最后都能被印刷出来。相反，任何书籍首先都应经过初步检验或审查，才可确定是否能够出版。正如今天常见的观点那样，一种完全没有限制的出版自由对于制度上有缺陷的国家来说是可取的，这种小缺陷是为了防止更大的缺陷。然而，下文所提及的一些考量可以让我们清晰看到，绝对的出版自由也并非是最佳选择。

一本书不会是自动被印出来的。它需要花费大量的时间，消耗的有用原材料也不少。如果一本书不仅能够出版，也被许多人阅读（这也是所有出版物作者的愿望），那么要求所有这些人都把本可更好利用的时间花在阅读这本书上，就显得过于苛刻了。最后，那些向我们呼吁不受限制的自由出版环境的人，无疑也希望同时还能不受限制地自由阅读。因此，一旦任何有害的或具有危险性的书被印刷出来并且开始流传，那么人们很难阻止它造成不堪设想的后果。想想那些只需要寥寥数页就能造成巨大伤害的例子，比如为了家庭和相关的人，一家人的秘密本该被永久封存，却被恶意泄露；或者将我未了解的无耻罪行嫁祸给那些最正直的人；又如通过出版错误观点而歪曲事实真相，诱使成千上万的人信从，不管有多少相反观点；抑或用花言巧语来粉饰最可憎的信条，并用最具误导性的谬论来为之证明；还有通过对不道德之事进行最撩人的描述从而燃起人们心中的欲火，等等。一本坏书不仅会浪费排版员、印刷工以及读者的大量时间，散布错误的思想，还会造成读者对[其他]好书的厌恶，破坏社会道德。我们能弥补它所带来的巨大危害吗？若对作者进行某种方式的惩罚，这些危害就可以得到补救吗？如果还有一个副本落在公众手中，那么这样的惩罚又能够防止该书造成进一步危害吗？这种惩戒所带来的警示会阻止将来类似的书籍再次出现吗？

在我看来，以下安排或许更为合理。每一本书籍在印刷之前都必须获得特派审查官的许可。他们有权删除某些段落，甚至是禁止整本书的出版，但这仅限于下列主题：

一、[内容]淫秽或有害社会：书中以诱惑性方式描写荒淫或其他不道德行为，或者为它们辩护。

二、煽情式的：在对仍具有争议性的话题进行讨论时，更多使用煽情式语调而非经过思虑的言辞——为此必须对这些话语进行冷静清醒的审视。

三、中伤诽谤：攻击声名良好的人，在尚未被证实的情况下指控他有某些犯罪[行为]。

四、无考量价值：该书既缺乏教育意义也没有娱乐作用。例如，某种暴露作者无知的理论，或一些极其蹩脚的诗歌。

当审查官称赞一部明显应该得到禁止的书，或者明显违背上述原则而禁止了本该发表的书籍时，他们才应被追究责任。

当一位作者的原稿遭到审查官的全部否定或部分删节时，他可以就审查官的裁决向另外几位(如五位)审查官提起申诉。应同时或依次征求他们的意见,但任何情况下他们都不能知悉别人的决定。这样做的意义就在于防止某一位审查官会纯粹出于恶意而故意反对优良的内容发表。

若有事实证明某位审查官的确有这类作奸犯科的行为,他不仅会遭到撤职,还会因此而蒙羞;此种事情若只出于置疑,他的职位也甚至会不保。

为了更加确保一切有价值的书都能够得到出版,即便只有一位审查官推荐,这些书籍也应被出版。

当一本书问世时,应提及所有支持或反对这整本书或其中部分段落的审查官。每个人都应有权向现行宪法提出改进意见,或批判当前制度、向当下的宗教观点提出异议等,但人们如此行事时必须审慎地探求,且以学术性的方式进行。

被拒稿的作品将获准被存放在省图书馆内,它应在此登记注册,并记录下拒稿审查官的姓名。

如今,人们有时不得不发表文章来控诉某些仍未经证实的犯罪行为,因为目前很难找到其他原告来陈述。但这也只是由我们仍具缺陷的宪法所带来的后果。一个建构良好的国家绝不需要出版界来讨伐罪犯。相反,只需将书面抗议提交给相关部门即可。

一些人呼吁完全的出版自由,但又希望能要求作者或出版商对其造成的任何损害负责。然而,这些人似乎没有注意到,审查官可以更容易地找到不对某些内容进行删节,或不禁止某些书目的理由;但作者不会这么轻松。因为只要未被上述[审核]主题所明确禁止,审查官就必须让所有书籍都通过审查。然而,若书中出现哪怕只是有冒犯性倾向的只言片语，那么无论该作品有多好，作者都要承担罪责。

虽然我们常听到很多人抱怨政府在出版时会采取一些阻碍措施，但很少有人提到出版商被授予的霸权，这确实令人感到惊讶。若一本书是否应该出版，以什么形式、什么价格出版完全由出版商（在我们当前的安排之下，通常一个纯粹的商人只会关注经济利益）来决定的话，这难道不会带来更大的危害么？最差的书经常会找到最愿意[合作]的出版商，并得到最丰厚的回报，而最有价值的书有时却无法出版，这并非出于政府的法令，而是因为出版商认为他们无法从中获取利润；或者即使这些书真的问世，它们劣质的外形与过高的价格都会使那些最能从中获益的人无法接受。此外，倘若又有大量毫无价值的书籍和它们同时出现，这些书就很难会受到应有的关注，这不足为奇。然而，我所提出的措施能够消除以上所有的弊端。一本书是否应该被出版，它的命运不应该取决于个人利益或偶然的机会，而应取决于由那些明智者的态度——他们将被激励着为了自己的荣誉而给出真实想法。

在很多方面，进一步实施与上述审查制度相关的措施都将是有利的。例如，审查官可对作者对书中的内容提出改进意见（虽然这并不属于审查官的职责，但他们被允许这么做，并且被视为一项有价值的公共服务）；当然，作者有权接受或拒绝这些建议。如果作者接受了意见，那么提出这些友好建议的审查官的名字不应该被忽略。任何一位作者，若不只是陶醉在自我欣赏中，那就应该会明白，一本书在出版前若能得到他人指正，使其了解到作品中的错误和改进的可能性，这对他的著作将会是一件多么有益的事。在一个建构良好的国家中,授权从事审查工作的人通常极富洞察力且知识渊博。因此可以预见到的是,这些人不会忽略自己负责审查作品中所出现的任何错误。若他们有理由相信,自己对这些错误所提出的真诚批评不会无助于作品的改进,那么他们将会更加仔细地阅读所有内容,并发现费心地去交流和评价是很值得的。通过这种方式,在第一版首次出版前能够完成的工作,远远超过目前用第一版的评介来帮助完成第二版的做法[所能完成的]。当然,我并不是说在最好的国家里对作品的评介是不恰当的,也不是说[人们]不应该写评介。

第十七章　论美术

最好的国家应尽可能地培养人们在艺术创作方面的意识，如诗歌、修辞、绘画、雕刻以及音乐创作等。必须要记住的是，当这些艺术得到适当运用时，它们不仅通过娱乐的方式丰富我们的生命，还能够且应该滋养或净化我们的情感与心灵。

现在，使用现存的艺术作品是一回事，而创作新的作品又是另一回事。前者在最好的国家中应尽可能受到鼓励。为此，所有真正成功（例如，在道德教育方面[的成功]）的诗歌作品应该传播到任何有可能被阅读及理解的地方。应尽最大的可能来保护珍贵的绘画作品，此外，也可以使用这些作品的副本，让各镇与各省的人民都有机会欣赏，从而让大家享受到艺术带来的乐趣。每一个家庭都应该保留其成员们的肖像或至少是其轮廓。然而，绘画和雕塑作品极具艺术价值，或至少不只一个家庭对其产生了浓厚的兴趣，那么国家就应购买这些作品并展览出来为公众所服务。至于歌曲以及音乐作品而言，若它们能够振奋人心或是通过温柔的情感改善我们的心智，亦或是给我们的心情带来一种愉悦的享受，那么应该把这些音乐传播到世界各地。从少年时期开始，就应该用音乐来改善人们的道德观，并给大家带来欢乐与鼓励。无论在做什么工作，人们都可以放声歌唱；每一所学校的课间休息时间都应充满着歌声才是。

至于第二件事，即创作新的艺术作品，在最好的国家中，人们在作品鉴赏方面几乎不会抱有太容忍的态度。相反，人们会认同贺拉斯的话：被遗忘是平庸作品的唯一命运。基于这个原因，当一个人在创作时，如果没有表现出创作真正优秀作品的迹象，人们不会轻易允许他将诗歌或音乐创作等作为自己主要的工作。依我看，在最好的国家里，任何人都不应从事戏剧表演，甚至当个半吊子的票友也不行。同样，人们也不会忍受有这么一群人，他们唯一的工作就是模仿各种态度与情感，扮演一个与自己完全不同的人，并且希望以此来赢得大家的尊敬。因此，我相信人们会发现，所谓的戏剧表演是对好的艺术作品的冒犯，这就好比在一尊雕像上涂油漆一样。除此之外，这也是对道德的威胁。最后，这会导致人们有这么一种想法：演员与其他参与创作的工作人员简直浪费了太多时间在学习角色或制作场景等这些事情上，而这些事所产生的效果只需运用一点想象力便能轻而易举达成。

第十八章　论食品

在最好的国家里，确保公民的食品健康安全是一项长期的责任。同样重要的是，除了迄今所食用的东西外，自然界海、陆、空三大生态系统中是否还有其他食材能被用于制作健康美味的菜肴。当医生们完全确信某种食物是有益的，而引进这一食品的唯一阻力只剩社会习俗时，我们应给予成年人足够的耐心，同时要在孩子们当中进行普及。同理，当医生们认为某一食物会对我们造成伤害，或在这一食品的准备过程中需要损坏大量其他的耗材，那么我们就不应继续将其当作食物。国家应尽可能保证健康饮食所需食材的持续供应，它们也只可用作饮食而非其他无必要的用途。

任何地区都将不会出现食物短缺的现象。若储备出现不足，那么就应当立即从其他地区调配资源弥补空缺，不管[两地]相隔多远。如果某些食品的特性决定其不能被长途运输，或运输时间不能过长，那就要这样做：首先，食品有盈余的地区与可能出现短缺的地区之间，运输路线应被分为若干路段。前者供应的盈余食物将被转移到最近的地区，同时此地区另向下一路段运送自己拥有的食物（不仅是盈余部分，而是要足够满足所需的量），以此类推。若该项工作能够得到足够快速的指示（比如使用电报），可以确信的是，此种安排能够帮助受食品短缺威胁的地区在一天之内就可以获得百里之外地区的盈余食物。

有一些食物的数量有限，不能完全满足所有人的需求，另外又对体虚或患病的人有益，那么，人们就不能够随心所欲地购买这些食物。如果一些公民得到医生（开具处方）的指示而需要这类食品，市场监管员（我用来称呼负责监管食品质量与销售的公职人员）应首先确保这些人能够获得一部分库存。如果所有这些人取其所需之后还有剩余，那么则可向其他人出售。由于稀缺或者其他原因，某些食物看起来更能刺激人们的味觉，人们因而更想得到它，那么就应对其征收一定的税款；换言之，应按一定比例提高其价格（如[原价的]一倍）。这样一来，增加的收入就流向市政府，而不是生产商。

我希望，正如一些人也提议的那样，比起为所有公民提供统一或类似的饮食来说，以上这些方式会显得更加公平合理。由于每个人的口味与饮食需求相差甚远，可被选做食用的材料也是纷繁复杂，此外，制作方法也可以说是千差万别，因此，我们的确会发现，差异化的食物配给除了会带给我们乐趣之外，也会增进很多其他益处。

不少人都有一个饮食上的坏习惯，他们往往超过自身所需去大吃大喝（特别是后者），甚至会有害健康，但却很少受到这种浪费所理应承受的惩罚。比起那些偶尔才会犯[这种]明显是饕餮之罪的人来说，每天不断地重复这些坏习惯的人最后会对他们自身以及社会造成更大的危害。在我看来，在最好的国家里，这样的问题只能交由医生来解决，他们会负责观察所有人的饮食习惯，并随时警告那些可能会犯错的人，采取理性劝服的方式去尽量做自己能做的。若失败了，他们可以向当地的公共道德法官提起指控。

第十九章　论穿着

毫无疑问，穿衣的首要目的是防暑御寒，遮雨或者是遮挡身体的不雅部分，以及装饰作用。从这方面考虑的话，服装的材料及其样式，必须符合国家特点、符合季节，同样也要根据穿着者的性别、年龄以及身材来量身定制。服装必须能显示出一个人的性别，而样式、颜色或两者的共同作用会更加明确地将其显示出来，使人们能看出性别。对于男人和女人来说，能够恰当地遮住腿部的服饰似乎都比较合适。太过紧身的衣服既不健康也不道德。最好的国家不应该禁止服饰的多样性，特别是在色彩的选择方面。这不但能够愉悦我们的眼睛，让人轻而易举就能够辨认出对方，还有其他的好处。例如，能使服装有各种不同的价格，也让人们可以根据自己的品味来进行选择，从而在其中享受到乐趣等等。从许多方面来看，单身人士的穿着区别于已婚人士，也是有好处的。更加确信的是，穿着打扮应该根据年龄而变化。这样我们不仅能够了解到人们各自的特点，而且可以通过他们衣服的面料、颜色以及剪裁来判断其年龄——当然也不会那么精确。如果两种材料的用途相同，但其中一种的开销更大，如，比普通纺织品更昂贵的装饰性面料，或是一些地方耗费大量土地与劳动力生产的丝绸，国家都应禁止这些产品的生产。

第二十章 论住房

根据上文所提到的原则，房屋绝不会成为个人财产，它的所有权归于各市。租住者只需支付合理的租金，大概能保证房子的保养和此房若倒塌后重建所需的费用。

值得一提的是，目前我们的住房安排极具误导性。通常，对于一栋住有五六户人家的房屋来说，[租户缴纳的]租金足够房主一家人的开支，甚至在支付所有房屋保养费用后[仍能养活全家]。多么不公平啊！完全不需任何劳动，一个家庭就被准许由五个家庭来养活，也就是说，拿走他们收入的六分之一！谁还能否认这一现象的残酷性？这几乎与机器人①体制一般无二！

没有人会否认，在房屋建设方面有许多可以改进的地方：更加健康、舒适以及愉悦的环境，更便宜的成本与更长的使用寿命。人们要特别注意确保每一所房屋都是干燥、明亮和有益健康的。对季节变化明显、相应要求较高的地方，一些房间应该用于冬天居住，另一些则用于夏天。顺便要提的是，大部分住房不应奢华耀眼。只有公共建筑才可以用该地区的珍宝来进行装饰点缀。在

---

① "Robota"机器人，捷克语，指的是那些由法律规定无偿为地主劳动的农民。——英文编者

所有的建筑物、房间以及一切可能的地方，我们最好展示出那些具有学习价值的题词与绘画作品（例如，名言警句，或是反映自然历史的图画），这样一来人们只需通过对这些作品进行孜孜不倦的钻研，便能常与世间智慧中最重要的真理、与最有用的知识为伴。

第二十一章　论解决性别差异的方法

重要的是，一部正确的宪法需要为性欲提供一个适当的指导方向，通过一些措施，保证这种欲望不会让人们感到邪恶和愁苦，而对他们生命中真正的完美与幸福有良多贡献。

一方面，人们无法避免自己的性欲不被过早地唤醒，特别是受到自己的想象力刺激的时候。另一方面，有必要教育他们这方面的问题，并鼓励他们学到在什么情形下能正确满足自己欲望。因此，我认为：

一、在最好的国家中，年轻人应该在学校，换句话说，在主日学校里接受相关教育，尽可能有效地了解上帝为我们人类繁衍所做的明智安排，了解由此而产生的责任；尤其是要知道，如果太早就触及这种仍然在沉睡的冲动，是会惹出很多麻烦的。我也认为——

二、在建构良好的国家中，一些会激起人们性欲的书籍、图片、歌曲以及其他通过淫秽色情图片让人们浮想联翩的物品，在任何地方和任何借口下都不能被容忍。当然，教育外加艺术的大力协助，会确保有价值的观念和情感将指向正确的思想。

三、如果过独身生活的人们认为这本身是一种比婚姻更完美的状态，而不是迫于外部环境的压力的选择，那么就要尝试通过开导来消除[他们]这种偏见。

四、照目前来看，年轻人，尤其是年轻男子，通常会在自己将要成熟的时候离开父母，他们会与其他年轻人为伍，其中主要是同性别的。这对性格的形成有许多不好的后果，因为一个不懂事且堕落的年轻人会使其他成百上千的人误入歧途。所以，在最好的国家里，如果同性年轻人在没有大人的陪伴下厮混在一起，会被认为是很没有礼节的，更别说是与异性厮混了。孩子们应该在父母的陪伴下才能出现在公共娱乐场合。异性之间可以组成他们自己的团体，但只能在大人在场的情况下才允许，他们监督孩子们玩游戏，与他们交谈或倾听他们的意见，提出赞扬和批评。这样一来，年轻人就有机会互相了解，而彼此相合适的人也更容易见面了。

五、在最好的国家里，年轻男子应该追求年轻女子，女子也应该给对方机会。我认为这是合理的。

六、在最好的国家里，每一段婚姻之前都必须要有一段法定的时间来让双方都互相了解。

七、婚姻关系本身应该被视为无法解除的，既然要结婚就不应想到离婚。但是，在某些情况下，基于某些重要的原因，应该准许解除这段关系。

八、某一方或者或双方的贫穷都不应该成为婚姻的绊脚石，因为每个懂一定知识的健康男人能通过自己的劳动来维持生计，同时，他也将获得市政府的资助来养育自己的孩子。因此，如果一个人因自己的处境（比如那些仆人）而被迫独身生活，这种事情是让人愤恨的，即便他是一个健康的成年人。所以，这样的安排方式是不被国家所容忍的。

九、只要是因为第一段婚姻因丧偶或通过法官的合法宣判而解除的，再婚就不会受到责备。

十、禁止群居的父女、母子、兄弟姐妹等结婚。然而，当这些人彼此之间住得很远，双方相爱却又不知道与对方的亲属关系时，国家也不会反对他们的婚姻。

十一、私生子不会因父母的过错而赎罪，相反，他们应该受到与婚内出生的小孩一样的待遇。

十二、在人们被要求投票时，妻子和丈夫只有一个投票权，并且他们俩一起相当于两票；但如果他们的意见无法统一，那就丧失了投票权。

十三、由于母亲在子女的出生、健康和成长方面通常比父亲更值得赞誉，因此只继承父亲的姓而不是母亲的姓是不公平的。但由于无法同时跟着两个人姓，因为这样孩子的名字就会奇长无比，所以最好让男孩跟着父亲姓，女孩则跟着母亲姓。

第二十二章　论满足对荣誉的渴望

对荣誉的渴求是人类天性中一种极强大的欲望，这种欲望在适当的引导下能带来很多益处，但在处理不当的情况下也能酿成大祸。相比其他任何方法来说，正确的教育更能处理好这种欲望，使人更为成功。因为我们对荣誉的渴望的程度主要取决于我们接受的观念；为了获得荣誉，我们要追求的东西仍然更多地取决于教育方法。它也能使一些不久前才得到赞许的东西瞬间变得可耻，反之亦然。因此，很明显，在一个建构良好的国家中，必须要合理利用教育来影响我们追求荣誉的欲望。需要确保每个人内心的这种欲望都能够被唤醒，但也要防止它变得过于强烈而抑制到其他的欲望，从而牺牲其他一切幸福而只为享受荣耀；事实上，如果他这样看待荣誉之路的话，他甚至可能会犯下最残暴的罪行。然而，更有效的方法是，人们从很早开始就尽力向年轻人传授荣誉的真谛。很不幸，我们发现当今社会人们对荣誉的错误观念比比皆是——他们认为拥有荣誉就是比别人更有吃有喝，生活挥霍无度，大敛钱财，再者最好就是能够持续这种生活，常年沉溺于各种酒色之事中，穷尽一生只为毫无意义的琐事，等等。我说，即使是在恰当的宪法下，这种愚蠢行为也很难为人所知。每个人都会知道，要想获得荣誉，至少看上去得谦逊审慎，为他人服务，较少顾及自己的需求，而更多地考虑他人的利益，诸如此类。在最好的国家中，财富应该被视为荣誉的象征，这是很合理的，但更重要的是正确利用财富。因为，首先如果一个人不只是通过机会（继承），而是通过自己的劳动[获取财富]，那么拥有财富就需要非凡的勤奋和技能。其次，较富有的人更容易帮助到他的同胞，比如通过国家的斡旋将自己的钱借给其他人。最后，因为他交纳了更多的税款，因此国家的收入也增加了，他死后也将更多的财产遗赠给了国家。一个人独占的越多，其他人能拥有的就越少，这种反对[意见]在最好的国家中也是存在的。然而，没有哪个人的财富会多到让人们无视上述例子的好处，而仍然对这一现象持反对态度。对财富的合理利用应该包括赡养子女、免费为国家提供一些服务[①]、自愿捐款等。

但是，光有一部恰当的宪法来传播正确的荣誉观还不够，也应该建立与这些观念相应的制度。因此，当没有最严格的荣誉观来捍卫公民的荣誉权时，这种权利也就得不到相应的认可和尊重。国家特别声明，任何人都无权仅凭他在社会上的地位或官职而获到尊重。因为，他担任某一职位不一定就意味着他有能力，而只有后者才能为他赢得尊重。然而，这种尊重无论如何都不是通过强求而得到的，一旦他的善行变得更加广为人知时，[人们]也一定会自发地表现出对他的尊重。出于强求因而并非自愿的尊重只会是表面的，明智之人无法由此得到真正的快乐。我敢说，此措施与上述提及过的公务员同等薪酬的办法，或更确切地说对涉及这些问题（它们如今仍然存在！）的错误制度的废除，将同样产生难以估量

① 免费服务似乎不应算作善用财富，但原文的确如此。——译者

的好处。当人们不能获得明显过高的薪酬，也不能仅因自己所占职位而要求得到特别的尊重，那么就不会有人费尽心思地去寻求一个并不适合自己的职位。未来，人们再也不会因为私利和虚荣心而为一个重要职位挤得头破血流。相反，只有那些相信自己有能力胜任这份工作的人才会提出申请。但如果一个国家里最重要的职位都由有能力的人担任，仅此理由就会使每个人都得益。因此，在最好的国家中，与官方职位有关的所有形式上的称谓，即借用其职位来表示尊重的称呼，都应该受到法律的禁止。也不允许将某人的职位与他的姓名一并提及，例如，当一个人想要区分同名的人时，或需要解释为什么要提到某人的名字时等情况。在我看来，国家只需要规定一种单一的等级区分方法即可，也就是说，无论什么时候，如果几个人对某一件事同时具有发言权，且他们之中有男有女，则女性应该享有优先权，当只有同一种性别之时，则年长之人享有优先决定权。给予女性优先权是因为她们更柔弱以及这种性别特性所担负的，这就决定了男性应该主动去保护女性，心怀怜悯之心。给予年长之人优先权主要是基于合情合理的假设：一个人活得越久，他为社会提供的服务就越多。然而，从这些原因来看，女性则不应在童年或少年时期获取优先权，而应从成年开始；此外，这一优先权也不应针对老年期男性。年轻女性应该且必须自愿将优先权让给老年男性。最后，考虑到儿童和青年之间会相互影响，所以同样很明显，他们应该效仿长辈们的德行，换句话说，他们应该学会主动把优先权让给年轻妇女。

第二十三章　论旅游

旅行是必要的，一是为了维持健康，二是为了开阔个人的眼界，因此，一个最好的国家不应忽视其重要性。将要步入成年时期的年轻人应该在长辈的监护之下进行徒步旅行。这对男女都适用，但在这种情况下，应该注意将不同性别的人分开。国家应该为这种旅行者提供旅舍，有了国家的许可（一个人应该有多次机会），他们就不必为此支付费用了，也自然不必为沿途中值得一看的事物而支出。每个人都很容易理解为什么我支持这类旅行应和他人结伴而行——主要是因为它的教育意义（我在这里不谈论其他旅行，例如成年人因公出差，或许是国家公务），结伴旅行不仅更加愉快轻松，也更便宜、安全。此外，当人们互相分享自己的看法时，他们会学到更多的东西；我们对自己的所见所闻进行探讨，心中的印象也会得以加深。

第二十四章　论娱乐

只要有可能，一个明智之人会选择在别人的陪伴下自娱自乐。他这样做一部分是因为他人的分享也能增进自己的喜悦之情，一部分是因为有人在场的情况会提醒自己不要过度，最后是因为某些谈话能与大多数娱乐活动同时进行，这样的谈话会产生许多新的乐趣与好处。[这种娱乐]尤其能锻炼一个人思考和交谈的能力，能通过尝试与他人沟通我们的思想观念来使之获得澄清，也提供处理各种问题的指导，以及最有益的批评——如果以最好的精神来给予和接受。因此，在最好的国家里，人们通常都会在他人的陪伴下享受到最快乐的时光。有幸能与家人相伴的人，在大多数情况下将会在这个圈子里与家人一同享受幸福时光。相反，没有家人的陪同就经常出入公共娱乐场所，这会是件有害无益的事。需要有很多娱乐场所，人们(主要是陪同家人)在此团聚消遣，这种享受是家庭环境完全无法给予的，或者至少不能达到相同程度。下述为一些这种场所最常见的娱乐方式：看报纸，它提供了国内外，甚至是世界范围内的最新消息；阅读为消遣而写的书籍；对各种各样的话题进行的讨论，只要是得体的都可以；猜谜；对一些深刻名言进行思考；开展各种游戏和比赛，但不能为财利；适量的运动；专属年轻人的优雅舞蹈；音乐与歌曲；最后就是愉快地与他人共进美食。

既然不能容忍任何可能损害道德伦理和健康的东西，那么很明显，醉人的美酒、香烟、鼻烟和娱乐性的打猎都应被禁止。所有的年轻人确实都应该知道怎么扛枪，同时也应学习射击以此获得练习和消遣的机会。偶尔，在获得捕猎许可的条件下，还有必要猎取生野生动物。但是，当对狩猎、捕鸟之类的事情产生了欲望，那么这就会被看作是一种病态精神的标志，或这至少也是头脑丧失理智的一种表现。更明显的是，在一个建构良好的国家中，不应该也不可以容许人们俗称概率游戏的娱乐方式，比如彩票。这种竞赛给一个人的道德造成的败坏影响难道还不够明显么？如果一个人认为只靠运气就可以决定谁能得到一大笔钱或财产等等这种想法没错的时候，难道不能说明他已失去了对财产的所有正确观念吗？

如果一种低劣的娱乐方式（比如玩纸牌）在人们之间开始到处流行起来，要想禁止它也是不恰当的，因为它本身并没有什么问题，对它的禁令往往会让这件事看起来更加诱人。相反，要试着转移人们的注意力，比如一些迄今为止鲜为人知的娱乐活动，这样的话，能预料他们很快便会放弃原有的娱乐，而主动选择那些更好的娱乐来替换原有差劲[的娱乐]。

即使公民所遵循的信仰中并没有规定给他们留出一定的休养日，政府也应当为公民考虑到这一点。然而，如果某个宗教在一年内的所规定的休息时间太多，人们也会试图通过教化的方式来诱导他人，以便解决宗教在这一问题上所显现的缺陷。需要值得注意的是，我们仍然要确保合理利用这些休息日。此外，这意味着那些在休息日以外从事体力劳动的人此时应该得到休息，而且每个人都可以对自己的活动和职业做出适当调整。再者，人的思想应在此期间得到提升，沉思上帝和道德真理；只要人们所选择的娱乐方式不是有害的或被明令禁止的，那么他们终将享受到愉快[的时光]。为了更好地达到这个目标，各种类似的节假日都应有特殊的目的。一些节日应该用来感恩上帝为我们创造的一切，比如，感恩节以及其他节日；而另一些节日则应该用来虔诚地反省我们政治体中仍旧存在的缺陷和不足，以及怎样解决这些问题等。

第二十五章　论公民纠纷

如果两位公民之间产生冲突（比如在财产和合同履行等方面）且无法达成一致，他们会选择一个或者几个人来作为仲裁人。显然，如果他们赞成仲裁人的决定，认为其裁决可以接受，问题就可获得解决。如果仲裁员揭露了一方或者另外一方，又或者是双方的罪行（比如一份“不道德的合同”[①]），那么仲裁员将有责任向有关当局报告此事。如果争议双方不能就仲裁员的决定达成共同意见，则双方或者其中一方（认为自己被冤枉的那一方）应就此事向市提起上诉，交由其再做定夺。应该允许他们就这些仲裁员的裁决向县级选定的另一些仲裁人员提出上诉，但如果后者同意前者的意见，则不得再提出上诉。但是，如果后者撤销前者的决议，则应允许向省级仲裁员提出进一步上诉，以此类推，直至获取两名或更多仲裁员的同意，或者因在上诉过程中，下级仲裁员对案情有了新的了解，从而改变其裁决为止。仲裁员的裁决应基于公正原则，为所有人的最大利益着想。现行宪法导致了很多荒谬裁决，这些都将会不存在，例如，对一份付款合同来说，不论用词如何（比如，法定货币，现金等），都不会影响裁决对其需要支付的费用的认定。

① 一份不受法律强制性约束的合同。——英文编者

如果一个人认为自己受到了市或县政府的损害，那么在有理由相信自己可以获得公正裁判（即并非县市行政官员本身要误判他）的时候，他可向他们提出申诉。但如果后面这种情况发生了，他就会立刻提出控诉。

一些读者或许会担心我上面描述的几种解决方法会导致不断的争吵和纠纷，例如，我在上面说过，在很大程度上将由各市来决定哪些财产属于哪些成员。或许有人会反对，觉得人的本性就决定了有一些人能长期容忍巨大的伤害，因为这些人从小就习惯于把某些施害者看得高人一等，但自己却不了解他们。但被他当作地位与自己相同的人（比如天天共处的人等），即使只［对他］造成最小的伤害，也会使他痛苦不已。我对这一说法的正确性没有任何异议，但我想提出两点：第一，一个耐心忍受不公的人，或一个也许从没意识到自己正遭受不公平对待的人，都是在忍受着伤害的；如果没有遭受到这些不公平的事，他会更加快乐。第二，和自己一样的人，或每天都会见面的人如果做了什么稍有冒犯之事，当认为他们是有意这么做的，这会让我们生气。我所提出的上述措施很少会遇到这种情况。因为不是由个人而是由整个市来裁决；几乎没有哪一个明智之人会以为整个市都对自己怀有恶意。

第二十六章　论居民税收和公共经费

不能把高税率本身看作是坏事，除非将此税收用在不合适的地方。如果高税收是用来更好地满足公民的需求，那人们就没有理由抱怨税太高了，因为即使人们全都把自己的钱存留着，他们还是得把它用来满足自己的需求。事实上，若可以有适当的宪法，国家的绝大部分资产将由政府（社区、县等）掌握，而不是像当前各国这样。

上文已经提到过，一个建构良好的国家将会收集公民去世后遗留下的财产和贵重物品。一般来说，这些财产归公民居住地的市政当局所有。一些物品如果在县或者州政府的支配下更能造福于人类，那这类东西必须转由他们管理。一篇对市政府当局和整个省份提出改善建议的手稿就属于这类物品。不用说，像书籍这类物品也属于以上情况，他们不再属于死者的财产。税收必须要遵循一些原则，只有那些资产高于平均或正常水平的人才应交税，也就是说，如果把国家所有财产都平均分配给每个人时，那些拥有［比这个份额］更多的财富的人才要纳税。第二条原则，人们不应该把多出来那部分财产全部上缴。第三，也是最后一条，为了避免造成伤害，遇到不明情况时，最好能让居民为自己留下更多的钱，而不是让他们缴纳太多税。居民能自愿为了共同利益而贡献出自己盈余的钱，这就是最值得称赞和令人开心的事。所以，应该经常鼓励他们主动缴纳税费，尤其是需要一大笔公共开支的时候。即使在目前的情况下，这种鼓励并不是那么有效果，但希望在最好的国家里，它们会更有成效。

还有另一种税收，实际上也是最常见的，它介于完全自愿缴税和强制性征收之间。它在于要求某些人做出适当的贡献，这些人想要享受某些可有可无的物品，使他们的生活更加美妙。但这种所谓的奢侈品并不是绝对必要的。比如，更合我们口味的食物，更漂亮的服装面料，更豪华的居住区，为消遣而饲养宠物，比如马、狗、鸟等。这种税收有以下结果：

一、只有那些有多余资金的人才会被征税，并且那些人在任何情况下都不能对此心怀抱怨，因为如果真的想要逃避这种税是很容易的。

二、这让所有生活必需品变得价格更合理，且每个人都能通过更可靠、更容易的方式买到。

三、一个更富裕的人不会因为买了一些非必需品而受到谴责，他可以放心[地买]，因为知道自己购买这些东西对国家产生了利益。

有人可能持反对意见，认为以最高的价格购买那些最不必要的产品是很不合理的，因为这可能会让人们对其价值产生错误的观念。在我看来，通过教育甚至常识就可以轻易避免这种误解。或者，如果有人从小就被告知，国家按照只对非必需物品征税的原则行事，对它们征税越高，就越能接受没有它们的事实——人们就不可能对这种荒谬之物[1]感兴趣了。还有一种普遍的反对意见,认为对奢侈品征税会让[财政]收入变得不稳定,因为富人可能联合起来不买那些非必需品。但如果对所有的奢侈品都征税,这种顾虑就会减小,因为如果富人想过一种更舒适的生活,他就不能逃避税收。而且,假如他在生前没有交税,那他死后就必须把所有的财产都上交给国家。如上文所述,这种安排能让一个有钱人享受大自然提供的所有美好事物而不受指责,因为他是通过自己辛勤劳动获得的。他并不是偶然就变得有钱,他的行为没有损害任何人,也确实是在做好事。

那些通常情况下非必需,但在特殊情况下(比如对生病的人)是必需的物品,还有那些大自然或者技艺产出的恰好满足此需求量的产品,都是免税的,也不会被提供给不需要它们的人。在某些国家,这种产品包括葡萄酒。如果能大量生产这类物品,就要保证有剩余,但要像其他非必需品一样征税。

如何征税呢?尽可能直接从消费者那里收税——他们不是直接从生产者那里买到商品的,而是通过贸易公司从国家购买的。那些恐因延误导致腐烂而不能运往贸易公司的食品和其他因任何原因不能进行交易的物品,应在特殊地点出售;里面的市场主管应在提货离场的出口大门向购买者收取适当的税款。

为了防止欺骗(走私和偷运),可以在生产过程中给一些商品贴上一个特殊的封条,在销售时可以再贴一个。此外,每位公民不仅有权利,也有义务上报任何有关于国家税收的欺诈行为。如果

① 指奢侈品。——译者

他知法犯法，就会受到惩罚。如果这些[措施]被落实，就没有必要担心政府会经常受骗。[不过]对于某些商品来说，要防止这种欺骗是不可能的。如果这类货品直接从生产者那里获取会更容易，那么每个人都以这样的途径去买到——政府让我们知道这一点以后，人们的道德观就应该更好地发挥[约束]作用。如果政府不允许任何商人从生产商进货卖给消费者(国家或市为此目的而雇用的人员除外)，这就已经足够了。防止这类商人的出现是很容易的，因为每个人都必须向公共道德评判员上报自己的职业和生活方式，而且城镇上的每个人都必须了解是否有人从事这种非法交易。那么，唯一剩下的情况就是为惠益别人而撮合交易，这种事情可被认为是合法的。

最后，第三种税收可能有时是必要的，也就是完全强制性的，这类税收是国家明确规定每个公民需要缴纳的。人们诉诸于这种方式只是为了补充其他税收来源。中央政府从各省聚集全部款项，各省依次从各县收取，县又从市收取，市则从每个家庭收取。

现在让我们列出一些必须用这笔收入来支付的最重要经费项目：

一、首先，正如我提过多次，国家必须支付抚养、照顾、教育和教导儿童和青少年的一切费用，不论他们的父母是谁。因为：

(一) 在婚姻中有幸可以拥有多个孩子的家庭，无论父母多勤劳努力，人们都无法认为他们能够通过勤劳增加收入来养活所有的孩子。因此，这样的家庭自然就会陷入困境中，除非胡思乱想想出一些状况，在那里任何一位公民积累的财富都远远超过他所需的生活开支。

（二）只有当父母接受的赡养孩子所需之物并非施舍，而是他们有权支配的捐赠品时，他们才能为多子之福而感到高兴。如果不这样，那么家里每多一个孩子，父母就会替他们的未来感到多一份的担心忧虑，也会想办法避免生育，这样［的结果］也是意料之中的。

（三）如果国家从一开始就抚养自己的公民，直至他们长大成熟，难道我们还不能期望这些公民成为更忠诚的拥护者吗？当然，有人会反对，认为要求那些没有孩子、甚至还可能是单身的人交税，要求他们帮助抚养别人的孩子，这是不公平的。也有人认为，当孩子知道自己没花父母多少钱之后，就会不那么爱他们了。但这些异议都是无关紧要的。迫使无子女的人交出他们能节省出的钱给那些蒙福有孩子的人，正是因为他们自己没有孩子，这又有什么不公平的呢？这些儿童一旦长大成人，他们当初的努力岂不是有益的吗？难道他们不希望得到和那些孩子父母一样的尊重么？难道不是每个人都希望在自己年老时不要孤身一人，不要像是上帝创造的最后一个人那样么？难道他不希望自己身边有更年轻、更有活力的人陪伴，照顾自己，关心自己，在他最后的痛苦日子里给予他支持么？那些没有子嗣的人就只能指望别人的孩子来服侍自己了。因此，他们也要帮助抚养这些孩子，才合情合理。如果这对你这个极度漠然的人来说毫无意义，那你告诉我们，如果那些有孩子的家庭，或者那些以后会有孩子的家庭（到目前为止他们占绝大多数），他们联合起来把你从地球上消灭掉，因为你毫无怜悯之心，心胸狭窄，并且只要你还活着，就不想放弃任何属于你的东西——告诉我们，你会怎么做？最后，我完全不担心这些安排会削弱孩子们对父母的爱。孩子们对父母的爱并不源于计算[花费了父母多少钱],这在之后的日子里才会成为可能。它产生于完全不同的环境,这些环境不会因我构想那种最好的国家中孩子与父母间的关系而产生一点点改变。当青少年儿童知道国家为他们的生存做出多大贡献后,这种爱也不会改变。他们会明白,自己对父母的爱更加亏欠。

二、国家将会承担所有老、弱、病和精神失常之人的一切赡养、治疗和抚养费用,简言之,即那些不能靠劳动来养活自己的人。至今为止,有越来越多的人意识到了这种需求的公正性。毕竟,没有任何人能预见自己是否不必承担这一命运。每个人都必须承认,当面临这种不幸的境遇之时,自己希望国家会有这样的安排。

三、发生事故之时,在不是任何一方过失的前提下,事故所造成的所有损失中若能由金钱所弥补的部分都将由政府承担。很明显,这样的规定是大有裨益的。因为当公民遭受重大损失的时候,他能迅速通过这样的方式得到补偿。当个人遭受到的损失由所有人来分担时,那种强烈的落差感会被大大减少。有理性的人们难道不应该尽可能地限制未知命运带给我们的影响吗?鉴于此情此景,保险公司如雨后春笋一般出现在我们的国家,这是迈入正轨途中值得称赞的一步。然而,人们在事故中可能损失的物品会远多于通过这些机构参保的东西,还好这些物品并非不可替代。一个建构良好的国家是不需要这种特殊的机构来完成这一点的。相反,应该是由国家本身来承担赔偿所有公民损失的责任。但是,国家是否有权强迫那些不想承担风险的公民一起参与呢?如果受害者是从某项特殊基金中获取赔偿,而不是依照国家法律从税收中获取赔偿呢？或许只有对这些概念了解深厚的人才能想到这个问题。只要有常识就能注意到，大家其实是被迫[接受了]一件显而易见的好事；相反，当是否投保、选择哪个保险公司这类权力被交予公民自己时，他们还得进行一番复杂的盘算。另一些激烈反对的人们宣称这样共同的风险承担制度会让人变得马虎、不谨慎。但是，教育与教导的意义不就是要确保人类不会丧失审慎这一美德吗？即使有风险保障制度在手，审慎这一品质也是不可或缺的。难道我们能不惩罚那些明显疏忽渎职的人吗？在大多数情况之下，我们真的有必要去全额赔偿一个疏忽大意之人吗？如果他因为我们的赔偿导致懒于在未来的人生中变得更加谨慎呢？

四、当货物的生产或运输费用太高，以至于人们虽然想获得某物品却无法承担这笔超出承受范围的费用时，所有运费都将由国家支付；周密的计算表明，即使如此庞大的开支没有让国家获益，但国民作为一个整体也是可以获益的。我脑海中最常想到的情况是无法提供足够的货物来满足特定的需求，以及生产或运输这种货物需要大量的劳力故而产生巨额开支，而非缘于其他有用的货物必须被销毁。因为如果人口持续增长，越来越多的人工被机器所代劳，那么很容易看出，最后许多人都将可以从事任何工作。因此，某些必需商品的生产和运输成本就会急剧增高，以至于工人所消费的食品的成本将远远高于供应商品的价值。然而，如果政府无法给这些人提供其他职业，生产出更高价值的东西，那就最好保持以前的雇佣方式。因为当他们供应相关商品时，人们是有所收获的，即使国家最终向消费者收费的价格与实际成本无关。公平地说，我们必须承认，目前的国家都做到了很多与此类似的事情。国家建造的每一条道路、每一座桥，其成本都是一个很好的例子。但是，还有多少这种本可以做但还没做的事，由于人口的增加，又有多少事情将成为迫切的需要！比如，有些地方森林里木头在腐烂，但其他地方木头却严重短缺，这是因为需要木材的人无法支付运费的成本。所以很快，国家将有必要采取行动，亲力亲为，将那些森林的木材运送到更便民的地方去。

五、如果个人从事一些实验和事业但是风险性却无法预料，那么国家将会承担其所有的费用。

六、很显然，与商品生产和使用有关的开支也必须由国家承担，这些商品不是个人的财产。于国家而言，他们是公共财物。因此，建造和维护所有建筑物、道路、运河等的费用、印刷所有书籍、制作在公共场所竖立的图片和纪念碑的费用都将由国家承担。

七、最后，国家应该支付这一群人的生活费用，即那些所有花时间在一份我们没办法做好的工作上的人——如果他们的收入取决于他人的善意。国家会按照固定的规定付给他们薪水，相应地，他们也有自己的责任。在我看来，这类人应包括：

（一）在一开始提及过所有的政府官员——倘若他们的职责占用了自己大部分时间；

（二）所有从事对公众有益的调查或撰写有益著作的学者；

（三）所有从事教学与教育事业的人；

（四）所有的物理学家；

（五）从事以下管理工作的所有人员——商品的购买、销售及在各地间的运输、储存；

（六）所有担任国家需要其担任监督职务的人（如市场监管

员），或是记账、从事其他业务的人，这些职业不直接服务于任何一个人，但却使整体受益；

（七）所有长期，而不只是偶尔履行职责的法官，等等。

我希望，在生活费有所保障的情况下，所有这些人都能带着更多的喜悦与热情来履行自己的职责。倘若他们不依靠个人，不被视为个人的奴隶，而是人民的公仆，他们就会表现得更有信心，就会更强有力地抵制个人产生的奇怪念头。通常被称为牧者或宗教教师的人是不一样的，宗教组织需要他们提供公众礼拜仪式，通过讲道传播宗教思想。既然国家不会强迫任何人参加宗教派别，那这些人就不能由国家供养。但是，信奉一种或其他宗教的公民之间可以就如何补助这些牧者一事达成共识。即使在不同情况下，他们都必须要获得国家的许可。如果几个社区，甚至几个县或省的宗教信仰相同的话，那么公民们就可以通过法令选择出牧者，如同[选择]政府官员那样。

国家临时聘用的官员和其他人员的薪资高低会随着他们适度工作量的时间而变化。这样，国家的公务员不会比任何懂得充分利用时间的人赚得多或者少。他不能多赚，不然人们就会挤破头去当公务员，而他们的服务对象反而会被忽视；到最后，这些人可能会想尽办法迫使政府承认那些无意义的工作具有必要性。他们的收入也不能太少，因为，让那些为人民共同利益而工作的人比那些为个人服务的人赚得少是不公平的。

为了避免不必要的转让、开发票等事宜，不使整体情况变得过于棘手，平衡国家收支最简单的方法应如下。各个市直接使用其成员的捐款来支付需要的开销，自愿上缴给市政府的税款和其他类型的税也一样。有了这笔收入，社区就会尽力承担住在那里的儿童的抚养费，政府官员们和当地建筑物管理等的开支。如果市政府没办法履行其全部的职责，或许只是因为火灾、歉收等原因，那市政府就应要求县政府满足其需要，而邻近的市则应证明其需求的真实性。然后，市政府收到所需资金，出立票据确认债务情况，这些票据所得款项都以纸币的形式用于交易和付款。该市所出具的发票上应印上市名、面值和发行时的市政债务总额。如果一个市政府接受了国家的东西，但是后来又必须要支付一些款项，那市政府就要兑现一些票据。如果某市的市政府发行了大量的票据，但不能兑现，或者更确切地说，如果它的总债务超过了某个点，那国家将会调查是否错在该社团本身。或许有某种怠惰精神潜入其内呢？如果真是这样，那这群人就会受到惩罚，失去某些非必需物品，比如只会那些使生活变得更加奢侈的食品。但如果市政府是无辜的，如果是无法避免的厄运，比如出于地区的贫瘠环境、恶劣和不适合居住的天气等导致了欠债的后果，那他们的一部分票据将被作废，票据持有者会收到国家发行的纸币作为补偿。

第二十七章　论奖惩

不管在什么样的国家里，惩恶扬善都是人人应尽的义务。根据这一义务，任何一个人，若他生活在有进行惩恶扬善的决定权的国家中，他都必须指出其同伴中的任何善恶之举，并请提醒相关机构给予注意。但是，这类行为应该对公众产生一些积极影响，比如激励他人，或警告不要任命某人某个职位，或改善那些受到前者伤害的人的命运，或让每一个人都受到应得的奖惩。在现代国家中，这一义务从未得到认可。通常，当人们觉得这违背了良心时，会说“我不想去伤害那个人”等诸如此类的话。一个人会预料到很多麻烦事，因此害怕自己被贴上告密者[的标签]。这就是为什么那么多贪污腐败之人担任了国家中最高的官职。除了任命这些腐败分子的当局外，每个人都相信他们劣迹斑斑，或者人们知道这些事情却忍气吞声，因为没有人站出来进行指控。在一个体制健全的国家中，必须在学校里教授和鼓励学生，检举[不法行为]是应尽的义务。然而，匿名消息是不可取的，因为这样做的动机可能仅仅是会出于恶意，这不仅会造成很大的麻烦，而且还会给那个无辜之人的名声留下一个永远的污点。他人的报复会让人们不敢告发违法行为，为了消除这种恐惧，可以采取下面的折衷办法：设立一间办公室，可以投递密封的指控信，指控者的名字以密码的形式写在上面。信件由这间办公室的负责人拆封，他是唯一知道指控者名字的人。之后，他就会发布代码词，表示已经接收到信息。这种方法使他无法隐瞒指控或泄露告密者的名字，因为这两种不法行为都很容易被暴露。然后，他就开始在相关部门调查，比如在被指控者所在的市的政府中。签名的真实性很容易确定，因为所有签名都存放在市政办公室，而且所有行政机构都可对其进行检查。如果一个有若干目击者的罪行得到证实，那么这些目击者也会受到起诉，特别是当他们属于受托监督大家的那一类人（例如教牧者）时。如果被指控者被认定无罪，那指控者就要接受调查，无论他的指控是公开的还是秘密的。如果指控者有合理的理由证实自己的怀疑，那他就会被释放，否则，他的污蔑行为将会被公布于众，他也将受到惩罚。虽然采取了这些措施，但如果出于某种原因匿名指控仍被认为是适当的，那么他们只能发起秘密调查，直到更多的疑点浮出水面。这里所提及的指控，作必要修改（mutatis mutandis）后也适用于告知善德之举。因为国家也希望得到这些信息。政府收到这些信息之后，有义务做出进一步调查。如果公民的善行是通过这些信息或以其他方式确定的，则不应剥夺他已经获得的奖赏。

众所周知，一个体制健全的国家不应该忽视两种善德之举和与其对应的两种奖励。一个明智的国家必须尽可能奖励那些自愿为他的同胞服务的人。即使这项服务并非出自最纯粹的道德动机，只是意外地为他人带来了好处，也应受奖赏，只要能确定做这件事并非出自恶意。国家必须坚持这样去做，以便鼓励行善的人，即使是那些还无法达到那单纯和无私奉献的美德的人。但是，如果能造福人民的共同利益，我们甚至会奖励那些出于私利的行为，那么对于那些不为私利付出巨大牺牲的努力改善共同利益的美德，难道我们还会拒绝奖励吗？当然不能。但很明显，在这两种情况下，奖励必须是不同的。第一种行为可以通过物质方面进行奖励。比如说，如果一个人主动承担必要的重体力劳动，那市政府应该给他支付更多的报酬。我们没有理由认为一个有更高道德力量的人对感官的愉悦完全不感兴趣。他不是，也不应该是这样，既然帮助了那么多人享受尘世的快乐，他自己也应该品尝这个世界所带来的欢乐。但是，如果政府提供给他的部分奖励跟其他人的一样，那这就不能被称作是奖励。实际上，他不会牺牲别人而获得利益，比如一份有特殊价值的财产，一顿美味佳肴等。那我们该怎么奖励他呢？也许可以授予他一份薪资丰厚的职务？但是，我认为在一个良好的国家里，官职决不能被视为一种奖励，这应该是一个普遍原则；不管一个人立下多大的功劳，为国家服务决不能成为一种奖励方式。然而，即使在最好的国家中，都有一些职位只能由诚实守信、具备洞察力和其他优秀品质的人担任。如果他的同胞们给他提供这样一个职位，他确实会感到荣幸，而且会理所应当地认为这一荣誉是对他美德的合理补偿。我只是认为，公民在考虑委派某人职位时，不应该将奖励他这一想法考虑到其中。因为如果硬要认为担任某个职位是一种荣誉的话，那么这个职位大概拥有很大的权力。在填补这个职位之时，所有在这个决定中有发言权的人都有责任只关注一个问题——谁最适合这个职位，谁可以不负众望、为成功获取人类最大的幸福而工作？这个问题本身是很难回答的，要得到一个正确的答案，我们必须对很多事情进行解释；如果我们不关注这个问题本身，而只是关心一种情况，即如何在具备完全相同资格的人之间做出选择，那么我们在判断时必然会迷失方向。因为只有在这种罕见的情况下，才可以允许任命一个（把职位当成奖励的）人，并且因此使他的级别提高。但是，就像我说的，这种情况肯定极少见，因为每个人都不一样，每个职位所需的专业知识也不一样。如果职位被视为一种奖励形式，这不仅会扭曲选民的看法，更会误导被任命人。如果我们宣布授予他这个职位是为了补偿他所取得的成就，那他会不会忍不住断定我们没有给他分配新的责任和义务，却奖励他某些自己所没有的利益和安逸？这是所有国家的共同经验，那就是当职位被视为一种奖励时，尤其是一些最重要职权和职位反而却最不能得到妥善的管理。因为那些被奖励的人认为这些职位只不过是让他们的生活更加安逸舒适的一种手段而已，他们的这种想法再正常不过了。前面已经清楚提到过，一个建构良好的国家可以通过其他公民的尊重来奖励一个公民的美德之举，除此别无其他。如果国家想让这些善行为大众所知，那么人们便可以自由地献上他们的敬意，只要有机会，随时都可以；在一些特殊场合中，人们也可以公开地表现自己的尊重之心。因此，让这些善行为大众所知才是国家唯一该做的事情。

刚才所提到的公共场合中最重要的是道德法庭。因为就像以前的国家所认为的那样，设立特殊的道德法庭是有益的，这对最好的国家同样也适用。最好是每个市政府每年都召集这样的法庭，市政府自己通过简单多数制选举公共道德法官，没有人能在前一年就知道谁会成为这些法官。当选的法官首先得要求整个社会和每个公民对他们的同胞做出诚实的判断，不论赞扬或责罚，并且表明他们可能会[因此]得到的奖励。在这之后,法官念出所有居民的姓名(按照他们的房号顺序排列)和十五岁及以上家庭成员的姓名,然后询问在场的人对这些人的看法与评价。最重要的是,法官们会询问大家如何工作,有多勤奋,生活有多节俭,等等。最后,当选的公共道德法官对自己的行为做一个陈述,并请大家指出自己的错误,因为每个人都会犯错。更显著的功绩是以书面致谢的方式予以表彰,由市、县甚至更高一级政府颁发。为了鼓舞其他人,这则消息也会在人民公报上报道。如果这个可敬的人还年轻,或者如果他的父母、老师或教员还在世,并且有合理的理由认为这些人的得体之举为他的德行打下了基础,那么他们也会受到表彰,由代表团向其传达国家的感激之意。当这样一个人离世后,人们会更加公开地对他进行缅怀。人们会将他的肖像展示在合适的公共场合,提供他的生平传记,他的事迹也将被载入史册,永垂不朽。对于受教育程度尚低的公民,尤其是那些年轻人,佩戴荣誉徽章是无可厚非的。特别是要让大家明白,佩戴勋章是为了鼓励别人仿效他。因此,我们不需要提醒人们,在最好的国家中,奖励的对象不仅仅是男性,女性的美德也应该得到认可和表彰。正如以上所提及的,人们会对那些优秀儿子的母亲致上特殊的感谢词;同样地,也要感谢那些养育了许多孩子(现在已成为正直的公民)的母亲们,即便这些孩子没有取得非凡的成就。

正如不应让本值得奖励的人一无所获,同样,也不能让一个应受到惩罚的人逍遥法外。但很明显,只有那些触犯了法律的人才会受到惩罚,而这些法律是他们知道或能够且应当知道的。在我们的当下的国家中,许多人可能会违反法律,是因为他们不了解法律，甚至没有机会学习法律。在最好的国家中，学校不仅会教学生法律，而且还会给大家展示法律的恰当性。违反这些法律将会受到一定的惩罚，但是这些惩罚并不总是确定性的，而会根据具体情况（罪犯的道德日益败坏，公民的违法行为日趋增长等）对其做出调整。将惩罚公示总会起到威慑性作用，但在不同的情况下，施刑的目的可能会有所不同，它们可能是：

一、为了维护以后公告和警示的可信度和威慑力；

二、通过真实案例来展示具体的惩罚事例，增强警示和公告的力度和可信度；

三、为了弥补全部或者部分损害；

四、为了剥夺罪犯再犯这类或其他罪行的机会；

五、为了转变和改善罪犯的态度，等等。

在特定的情况下，惩罚的类型和严重程度将根据这些犯罪的性质来决定。最重要的是违法者[自身]的态度。如果只是因为鲁莽轻率而犯罪，则会从轻发落，但如果是出于邪念而犯罪，则将受到严厉的惩罚，哪怕只是偷窃的钱，只要事实证明他是蓄意为之，也要严厉惩罚。品性邪恶之人，无论是因为其罪行的性质，还是后来所揭露出的其他情况，都会被认为不适合更高的职位，直到他们给出自己经改邪归正的最有力的证明。因此，每个法庭都会传唤被告的熟人和邻居为他的品行作证。

既然法律本身并没有精确地决定刑罚，最多只是设下一定的范围，所以学校不会详细讨论这些罚则——[过多讨论]又能有什么好处呢？不管谁违反了法律，都将接受最严厉的刑罚。在查明的事实和决定应受的惩罚之间做出区分是恰当的。但我个人认为，对于现在在一些国家中的普遍状况来说，人们应该反其道而行之。这样的话，调查事实[的职责]就留给陪审团来做，他们不是法学家，而是一群和被告人[社会]地位相同的人；决定刑罚的工作就交给法律专家。但是调查事实，查清楚被告所犯之事，建立一个完全有效的证据往往是极其困难的，只有交给那些具备类似调查经验的人才是放心的。然而，一旦调查清楚了罪犯的所作所为，在判断其应受何种惩罚的时候，合理的常识会比学识更为公正。因此，只有在第一阶段才需要国家雇用特殊人员（审讯员或它的其他什么称谓）。对于实质上的审判人员[①]职位来说，从罪犯的市政当局调出一些人，或许十二个人左右就足够了。既然选择的是一些值得信赖且刚正不阿的人来担任审讯员这一职位，那似乎既没有必要，也不太可能去设定一个最后期限让他们必须按此来完成调查。

按惯例，一个人所犯的重大罪行与因此所受的惩罚将会被公之于众。只有当这种公开行为本身会造成损害的情况下才有例外。

刑罚包括：

一、如担任高等职位，将被免职；

二、以私利为动机的轻微罪行，罚款若干。所收到的罚款部分用于赔偿受害者，部分用于其他公共用途；

三、监禁，在此必须做一些繁重或危险但必要的体力劳动，伙食也不能太好。使工作更加困难是不必要的[②]，比如铐上脚镣等

① 指法官，与陪审团相区别。——译者

② 此处想表达的是，正常工作就足够了，没必要故意增加负担让工作更难做。——译者

会显得残酷；

四、体罚，仅用于儿童或者非常野蛮的人，绝不能其危及生命；

五、当众羞辱，比如用标语牌通告罪行，或者在台上示众；

六、死刑，即使在最好的国家中也会有死刑，因为有些犯罪分子的罪行实在令众人深恶痛绝，如果允许他们继续生活下去，人们的道德观念也会受到损害。而且，这种人自己都经常要求死了更好。但我认为，死刑绝不应该当众施行。这是一种可怕的行为，只会使其道德意识麻木。在预定的时间让罪犯在黑暗的地牢里被机器杀死，同时人们对其哀悼，为之祈祷等。之后，作为处决的证据，罪犯的尸体可能会示众。一些国家声称，[他们]强迫这些罪犯不再有任何作为，这样就取得了较好效果。但是到目前为止，我还不能理解为什么能如此[声称]。我们必须等待，看是否能通过实践来证实。而且，如果忏悔意味着一份措辞明确的陈述，我不能理解为什么总是把它当作一个人有罪所必须的证明。但是，如果已经实施的犯罪行为仍有一些疑点，就决不能实施处罚——我认为有责任这样做。因此，我建议用所有痛苦来折磨被告，以使他交代，直到他的供词证实自己理当吃苦头。

以下是一些罪行及其处罚的例子：我只支持将死刑用于蓄意和有计划的谋杀[案件]。对于偷盗罪，将对盗贼处罚两倍或者三倍的赔偿费，或者让其食不果腹地劳作，或是体罚、示众。如果一个不是以出卖自己身体为职业的女性怀孕了，她不会受到任何惩罚，只会生活在自己招致的耻辱当中。而那个男人会受到惩罚，革除其职务。但如果他是个清白的人，只是因为一时软弱，他可以在没有人知道这桩罪行的地方复职。或者,视情况而定,他可以接受体罚或被判处社区劳动。通奸行为会受到更严重的惩罚,尤其是如果事实证明犯罪者一方是有预谋的,并且残忍地对待[原]配偶。如果是因为粗心大意,而不是经常性地酗酒,则会被罚款,但如果酗酒成性,就会革除其职位,剥夺其抚养权,将他监禁起来,从事社区劳作等。不会有终身监禁,但很清楚的是,惩罚会一直持续,直到能证明[受罚者]已改过自新。不幸的是,对很多人来说,这样的事情永远都不会发生。

第二十八章　论死亡

正如活着的时候人不会轻易放弃他的财产一样，人死时也不能把它随意遗赠给别人。但如果遗产价值仅与[死者]想赠与的那个人有关，那么国家应允许将它留给任何人。然而，其他[情况下]的遗产只有得到国家许可后方能遗赠。人们可能担心这些规定往往会被违反，因为死者身边的人就可能会拿走部分物品。但在一个建构良好的国家，这种现象肯定不会比当前更有可能[出现]。相反，在这样的国家里，一个人几乎不可能非法攫取并长期占有某物而不被揭露。其理由是，即便现今情况下可以用某种借口来预先阻止进一步的调查，甚至消除一切怀疑（即有人找到失物后，[占有者]声称它是一件礼物或给某种服务的报酬等），但建构良好的国家是不会理解这些伎俩的。

某人死后，每个成年公民或至少他所在社区的成年公民，都会收到某种评价。如果人们显露出对他的厌弃，那么他将不会获得体面的葬礼。这种葬礼和其他葬礼的区别仅仅在于后者只有近亲才能陪伴遗体。如果人们对一个公民大加赞扬，就可能为他雕刻纪念碑或作为他的墓碑，还可能在社区甚至国家的史册上插入一段涉及他功绩的简短传记。他们将作为榜样鼓励众人，人们也会想方设法保存[对他们的]记忆。

然而，不能以错误的纪念方式而在葬礼上做出毁坏许多有用物品的行为。相反，我们试图使大家相信，最有尊严的纪念方式是效法死者的美德，完成他们刚开始着手的崇高任务。我们愿意经常去拜访所爱之人的安息之处，由于共同的信念，我们因失去他们而产生的悲痛会大大减轻：我们都确信他们仍然活着，他们生活在一个更加幸福的国度，他们也能感觉到我们，而我们彼此终将再次相聚。

译 后 记

贝尔纳德·博尔扎诺(Bernard Bolzano,1781—1848)是波西米亚哲学家、数学家。博尔扎诺生于布拉格,1805年毕业于布拉格大学并被授予天主教圣职,不久又被任命为哲学与宗教学教授。博尔扎诺的作品主要涉及三个方面:一是1834年出版的关于神学领域的论著《关于宗教知识的教科书》四卷,二是1837年出版的关于哲学领域的论著《科学理论》四卷,三是晚年从事的数学"计量理论"——由于这个项目工程耗时巨大,最终并没有完成。

博尔扎诺由于其在哲学史上对数学、逻辑和科学哲学的贡献而闻名并被提及,但很少有人关注其政治哲学上的贡献,这或许与其个人遭遇以及生存环境密切相关。当时波西米亚及其首都布拉格是奥地利帝国的一部分,自命"欧洲宰相"的梅特涅在国内推行所谓"梅特涅体系"的政治高压,维护封建地主和金融巨头君主制统治。博尔扎诺作为神职人员,凭借在教会中的威望,成为了波西米亚地区的舆论领袖;但其政治思想被当局打上"激进自由"标签,1820年弗朗茨皇帝亲自签署了解雇其教职的法令。

自1830年起,博尔扎诺就开始写作一些关于政治方面的作品;《论最好的国家》写作于1831年前后。由于被禁止传教、授课和出版书籍,他始终拒绝将自己关于政治思考的文稿结集出版——但也正是当时，即便是如《论最好的国家》这样经过严肃冷静的思考的书也会遭到封禁。直到1848年欧洲反君主政体的革命风起云涌，奥地利帝国内部同样也爆发了民主革命运动。这对于博尔扎诺出版《论最好的国家》是一个契机，但他依然拒绝了——作为老派的欧洲知识分子，他认为政治的真理最好不要公之于众，因为政治真理不一定适合所有人掌握；尤其在1848年巨大政治变革来临的背景下，他担心书内的政治观点被别有用心的人利用，给国内新秩序的建立带来巨大危机。不过，博尔扎诺仍不希望自己的努力白费，他甚至把这本书当作自己留给全人类的最好遗产，希望它有朝一日能发挥作用。同年，处于弥留之际的博尔扎诺决定以波西米亚知识分子传统方式将本书“出版”，即通过手稿形式在友人、门徒圈内传阅。

正如本书前言中作者所说：“他只把思想付诸笔端以达到唯一目的，即让博学和无偏见的人去考察新事物，去伪存真，查缺补漏……在允许市民社会大胆进行多数提议所涉及的变革之前，首先必须全方位地考虑这些提议。”

博尔扎诺去世后，其作品只是零星出版，直到1969年，两位出色的博尔扎诺研究者温特(Eduard Winter)和伯格(Jan Berg)整理出版了《博尔扎诺全集》，博尔扎诺的思想谱系如今才蔚为大观。《博尔扎诺全集》目前已经出版99卷。《论最好的国家》是博尔扎诺用德语写作的，它的第一个版本[①]以及最新版本收录在《全集》

① 第一个版本是：Bolzano, Bernard, Kowalewski, Arnold (editor): Bernard Bolzano's Schriften. Band 3. *Von dem besten Staate*. (German). Praha: Královská česká společnost nauk v Praze, 1932。——译者

第 14 卷。本书翻译的英译本(2007)严格依据这两个底本翻译,但语言表达极为晦涩。

在翻译过程中受到诸多学友的帮助与鼓励,在此一并致谢。特别感谢丛书主编吴彦,是他推荐给我博尔扎诺的文本,并且在成稿后对照原文通读了全文并提出诸多建设性意见;感谢北京大学博士生奚望先生,他对本书的付出甚多,他负责前言至第 12 章的翻译,并对我的部分译稿提出了实质性的建议;感谢四川外国语大学朱斌博士通读了译文全文,并进行了文字校对工作。

方 旭

2019 年元旦,于重庆

图书在版编目(CIP)数据

论最好的国家/(捷克)贝尔纳德·博尔扎诺著;方旭,奚望译.—北京:商务印书馆,2021(2023.5重印)
(政治哲学名著译丛)
ISBN 978-7-100-19784-7

Ⅰ.①论… Ⅱ.①贝… ②方… ③奚… Ⅲ.①政治制度—研究—世界 Ⅳ.①D521

中国版本图书馆CIP数据核字(2021)第060029号

政治哲学名著译丛
论最好的国家
〔捷克〕贝尔纳德·博尔扎诺 著
方 旭 奚 望 译

商 务 印 书 馆 出 版
(北京王府井大街36号 邮政编码100710)
商 务 印 书 馆 发 行
北京艺辉伊航图文有限公司印刷
ISBN 978-7-100-19784-7

2021年6月第1版 开本 880×1230 1/32
2023年5月北京第3次印刷 印张 4⅝
定价:46.00元